Praise for *Humming the Blues /*
Cantando los Blues (a boca cerrada)

Edición bilingüe

"Una obra literaria, desgajada de sus condicionantes genésicas y de las funciones que cumplió en su contexto de origen, trasladada a otro contexto y condiciones, puede cumplir con funciones disímiles, sin que por ello se alteren, por supuesto, sus propiedades genésicas. Un hermoso ejemplo es *Humming the Blues / Cantando los Blues (a boca cerrada)*, de la novelista y poeta Cass Dalglish (Estados Unidos), quien inspirada por el poema *Nin-me-šar-ra*, el cántico a Inanna de Enheduanna, ofrece una versión contemporánea apegada a su sentido más íntimo. Dalglish apela a la polisemia de los vocablos sumerios y, en una hermosísima prosa poética, ofrece su versión sin traicionar ni la linealidad narrativa principal ni su textura tropológica, fijadas originalmente en una escritura cuneiforme. Según lo sabido hasta hoy, fue el primer texto literario en la historia firmado por su autor, y lo firmó una mujer.

– Dr. Rogelio Rodríguez Coronel, Profesor, Facultad de Artes y Letras, Universidad de La Habana. Director, Academia Cubana de la Lengua

English edition

"*Humming the Blues* represents an astoundingly bold and daring poetic project—original, ambitious, effective, and hugely creative. Dalglish carries us in leaps across time, cultures, languages, and writing systems to open the cuneiform hymn of Sumerian Princess-Priestess Enheduanna to us, twenty-first century readers of English. She respectfully and lovingly recasts the ancient multivalent work into a feminist, feminine lyric modeled on jazz riffs. The... poems are a beautiful and lyrical theophany that render the god lnanna in a courageous portrayal that makes us glad to know the unfamiliar divinity, even in her terrible aspects... [It] holds a love poem to a god no longer distant, no longer foreign, thanks to the power and magnificence of Dalglish's own poetic voice. Still, as gorgeous and immediate as is this portrayal of lnanna, like any deity, she remains ultimately incomprehensible, a mystery presented to the reader as an elusive gift, and Dalglish is to be commended for not reducing a god into a pedestrian caricature... In Dalglish's exquisite poems Enheduanna sings to lnanna, and we in turn sing to Dalglish: 'Your brilliant voice melts two suns and a full moon and drips them onto the earth like fine oil.'"

– Juanita Garciagodoy, *Digging the Days of the Dead: A Reading of Mexico's Dias De Muertos*

"Concurrently the newest and the oldest ecstatic poetry in the history of the written word, this inspired book of verse adaptations by Cass Dalglish pulses with energy, throbs with archetypal imagery and contemporary rhythms, leaves me breathless. Ten years in the study of ancient Sumerian cuneiform from Mesopotamia (present-day Iraq), Dalglish brings her exquisite sensibility to rendering these texts in English, giving us poems in the voice of high priest and poet Enheduanna, the first writer in recorded history to sign a name to her work. Here is a book like no other: an ancient story within a story: fresh and vivid and so utterly compelling, so convincing, one forgets— as the poet sings praises to the ancient deity lnanna, showing us their parallel lives—that Enheduanna is not one of our best, most mature, most exciting poets living today. *Humming the Blues* is nothing short of exhilarating. Trust me, it will sweep you away."

– Ingrid Wendt, Oregon Book Award Recipient, *Singing the Mozart Requiem*

"These are the Ur texts, literally: original writings committed to stone and clay thousands of years ago in Mesopotamia. We cannot help but think of Iraq, both the ancient world where Enheduanna made her poems and the world at war we know today. Now recast by Cass Dalglish, these translations recognize the simultaneity of possible meanings of words. Her own poetic intuition often pushes lines to move beyond words to that place where jazz scat gets its urgency. She vocalizes in sensual oohs, and ahhs, in great bellows, and in powerful lament that voices the 'life-giving rage' original to these poems. Enheduanna, ancient poet, stands as torch singer whose long-drawn notes address God as Sister in detailed and intimate adoration. These are psalm-improvisations to Inanna, the 'womanly god,' the moon, the 'wild impetuous' and 'mother of all ritual.' These poems, lapis blue and saffron-perfumed, come through Cass Dalglish from ancient Enheduanna in the voice of a sister who carries ruined roses and woe across many centuries to stand against the ransacking of sacred places, to confront terror with a woman's strongest weapon: the force of life."

– Heid E. Erdrich, *The Mother's Tongue*

"Cass Dalglish's brilliant excavation and restoration of the life and work of an ancient woman, who was a great leader, resonates now. It is powerfully affirming. These captivating poems restore vivid life to an amazing sister, lost and now found, thousands of years after her death."

– Carol Connolly, former Poet Laureate, St. Paul, MN

"*Humming the Blues* gives us a feminist riff on an old story of destruction and rebirth... an amalgam of poetry and poetics, jazz, and the ancient Sumerian celebratory poem of Inanna's return. From destruction through despair to resurrection, the poet gives birth to her song out of turmoil. Dalglish inspires us with her testimony to women's strength, intelligence, and perseverance... The poems are lush and thought-provoking. This is a book for any reader fascinated by language and poetry at the intersection of an ancient culture."

– Cary Waterman, *The Salamander Migration*

"With great care and great abandon, Cass Dalglish brings us story-song-poems that hopscotch from our present moment all the way back to ancient Sumer and return to us as 'fresh interpretations to familiar songs.' As intricately woven as tapestries, as wildly inventive and associative as hypertext, these poems are a timeless and contemporary reminder that there is always a 'big man in the sky' and that in the end, all we have is the voice, 'squealing like the bellows of a blacksmith keeping company with the dead.'"

– Rachel Zucker, *The Bad Wife's Handbook*

"Dalglish, in a voice she builds from translating and contemplating cuneiform signs made by Enheduanna, brings to life Enheduanna's power, her forced exile, and her belief in the god and judge Inanna, a god in heaven and on earth... Dalglish creates meditations that travel between Enheduanna, the imagined and re-created Inanna, and herself, the contemporary poet and feminist... And this is Dalglish's accomplishment, allowing her readers spiritual access to an ancient voice, a female god, and spiritual connection, also, to the intuition and poetic visions of a modern writer who knows the wisdom of carrying us back to contemplate, suffer and learn from this history."

– Deborah Keenan, *Willow Room, Green Door: New and Selected Poems*

"This bold arrangement by Cass Dalglish of *Nin-me-šar-ra* makes the original composition by Enheduanna resonate anew across forty-three centuries."

– Fran Hazelton, *Stories from Ancient Iraq*, The Enheduanna Society

"Cass Dalglish throws the five thousand year old cuneiform pictographs onto the page with the masterful skill of Pollock, revealing the priestesses' gasps, sighs, squiggles, howls and roars... matching the depths and intensity of its content: darkness and rebirth. Crucial to be read in our times."

– Diane Wolkstein, *Inanna Queen of Heaven and Earth: Her Stories and Hymns from Sumer*

There's nothing quite like *Humming the Blues*."

– Eloise Klein Healy, *The Islands Project: Poems for Sapho*

Humming the Blues

Cantando los Blues
(a boca cerrada)

**CALUMET
EDITIONS**

Minneapolis

10 9 8 7 6 5 4 3 2 1
ISBN: 978-1-962834-67-4

Cover and interior design: Gary Lindberg

Spanish translation of *Cantando los Blues (a boca cerrada)*
by Catherine Rodríguez-Nieto. Spanish language editor
Alcides Rodríguez-Nieto

Cylinder seal used on cover (modern impression) with goddesses
Ninishkun and Ishtar, Mesopotamia, Akkadian, Akkadian period
(ca. 2334–2154 BC)

Tablet used on cover and in front matter Enheduanna's *Nin-me-šar-ra*,
2350 BCE, courtesy of the Yale Babylonian Collection,
Yale Peabody Museum, YBC 4656/YPM BC 018721

Image of Enheduanna, UPennMuseum object B16665,
image #139330.

Humming the Blues

Cantando los Blues
(a boca cerrada)

CASS DALGLISH

Spanish translation Catherine Rodríguez-Nieto

CALUMET EDITIONS

Minneapolis

Also by Cass Dalglish

Sweetgrass

Nin

Humming the Blues (English edition)

Ring of Lions

For my sister, Judith

Para mi hermana, Judith

Table of Contents

Translator's Note

In Spanish, every noun is either masculine or feminine and every modifier must have the same sign. Thus, it is difficult to create a Spanish version of an English feminist interpretation of poetry written in Sumerian, a language that has little interest in gender.

After looking at various possible solutions, I've chosen to transgress Spanish grammar rules and combine the feminine article *la* with a masculine noun, for example, *la poeta* (the poet), *la sacerdote* (the priest), with reference to Enheduanna. In definitions of divinities who appear as characters in her hymn to Inanna, I've generally used *la deidad*. When Cass hums the blues of Enheduanna and Inanna, I've chosen feminine or masculine forms depending on which seemed best for euphony, rhythm, and narrative or lyric passages.

About the Translator

Catherine fell in love with Spanish at the age of seven and has an MA in Spanish from UC Berkeley. She worked with her husband, Alcides Rodríguez-Nieto, for almost forty years as a translator/editor team after founding In Other Words...Inc., in 1978. They live in Oakland, California.

Nota de la Traductora

En español, todo sustantivo es masculino o femenino y todo vocablo que lo modifique debe concordar con él. Por lo tanto, es difícil crear la versión en español de una interpretación feminista de poesía escrita en sumerio, un idioma que tiene poco interés en géneros.

Después de examinar varias soluciones, opté por transgredir las reglas gramaticales del español y combinar el artículo femenino "la" con un sustantivo masculino, como, p.ej., "la poeta," "la sacerdote," etc., cuando se trataba de Enheduanna. En las definiciones de los dioses que figuran como personajes en su himno a Inanna, utilicé generalmente "la deidad." Cuando Cass canta (a boca cerrada) los blues de Enheduanna e Inanna, elegí en cada caso la forma femenina o masculina que en mi opinión transmitía mejor la eufonía, el ritmo, y los pasajes narrativos o líricos del inglés.

En Torno a la Traductora

Catherine quedó fascinada con el idioma español a sus siete años y tiene una Maestría en español de UC Berkeley. Ella y sus esposo, Alcides Rodríguez-Nieto, fundaron una compañia de traducción, In Other Words…Inc., donde trabajaron en equipo por casi cuarenta años. Residen en Oakland, California.

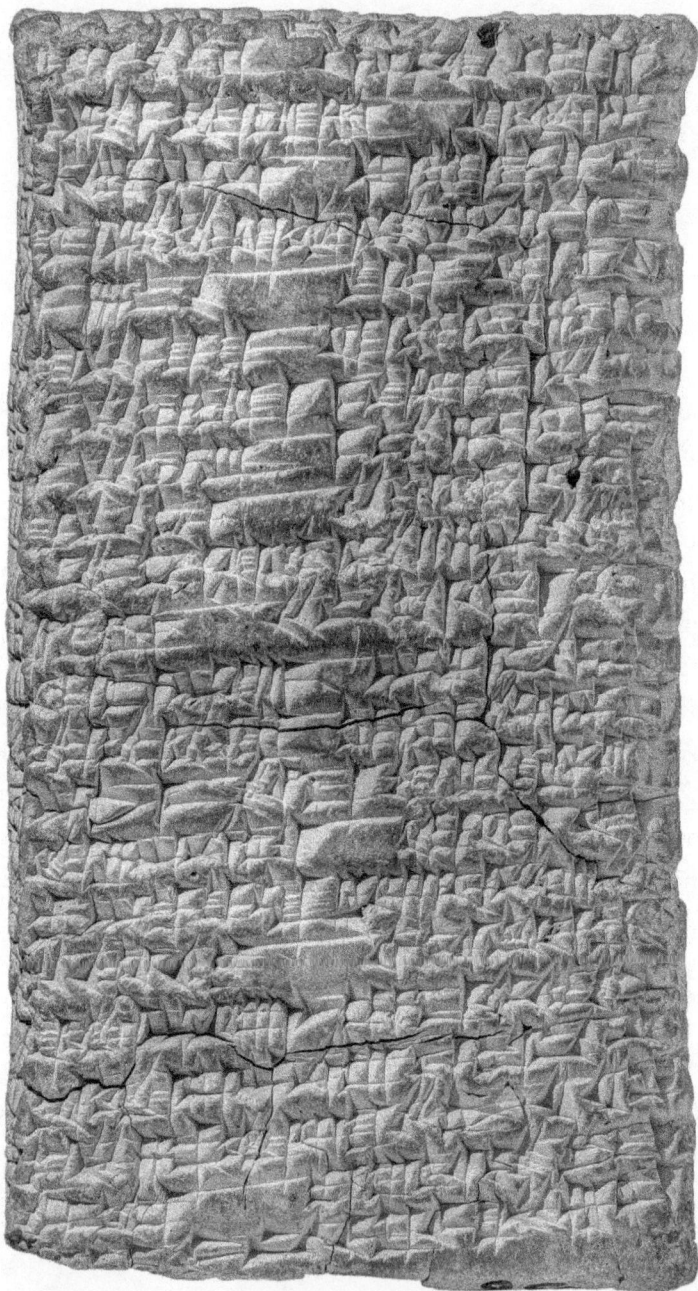

Enheduanna's *Nin-me-šar-ra, tablet 1, 2350BCE, courtesy Yale Babylonian Collection*

Characters / Personajes

Enheduanna

Narrator, a poet, priest, and prince of Ur and Uruk. She is a historical person, the first writer to sign her name to a text. The daughter of Sargon, she lived about 2350 BCE in Sumer, now Iraq. In the poem, she compares her exile from Ur and Uruk to Inanna's journey to the Land of No Return.

Narrador, sacerdote, poeta y príncipe de Ur y de Uruk. Fue la primera persona en la historia que firmó un texto. Floreció alrededor del año 2350 a.e.c., hija de Sargón, en Sumeria, hoy día Iraq. En el poema, compara su exilio de Ur y Uruk con el viaje de Inanna a la Tierra sin Retorno.

Inanna

Sumerian deity who reigns in heaven and on earth and is famous for her trip to hell and back again. She is the god who comes back to help Enheduanna return from exile. She is sometimes called the impetuous wild cow.

Deidad sumeria que reinó en el cielo y en la tierra, famosa por haber viajado al infierno y regresado. Es ella quien vuelve para ayudar a Enheduanna a volver de su exilio. A veces, a Inanna se le llama la vaca salvaje impetuosa.

Ereshkigal

Sister of Inanna the god who reigns in the Land of No Return.

Hermana de Inanna, deidad que reinó en el averno.

An

God of heaven, patron deity of the temple of Uruk, he is unable or unwilling to help Enheduanna when the "big man in the sky" ransacks and usurps the temple at Uruk.

Dios del cielo, deidad patronal del templo de Uruk. An no puede ayudar a Enheduanna, o no quiere hacerlo, cuando el "hombre grande en el cielo" saquea y usurpa el templo de Uruk.

Ashimbabbar

God of the moon, Enheduanna's patron deity of the temple of Ur, also known as Nanna. He doesn't seem to be able to help Enheduanna in her struggle against the "big man in the sky."

Dios de la luna, deidad del templo de Ur, se le conoce también como Nanna. Parece incapaz de ayudar a Enheduanna en su lucha contra el "hombre grande en el cielo."

Ishkur

Storm god, god of thunder and lightning. When Inanna streaks across the sky with her fiery hair, she is compared to Ishkur, who spits firestorms and floods the valleys.

Dios de las tormentas, deidad de los truenos y relámpagos. Cuando Inanna viaja veloz por el aire con su melena incandescente, se le compara a Ishkur, quien escupe tormentas de fuego e inunda los valles.

Ushumgalana

Dragon of heaven, the great snake of heaven. Inanna is compared to Ushumgalana, pounding like a dragon across the mountains. This is also a name given to Inanna's husband Dumuzi.

Dragón del cielo, gran serpiente del cielo. A Inanna se le compara a Ushumgalana, cruzando montañas y dando pisotones como un dragón. Es el mismo nombre que se le da a Dumuzi, esposo de Inanna.

Big man in the sky

Usurper and oppressor who ransacks the temple, ravishes Enheduanna, and drives her out of power. This is probably Lugalanne, a king known as the usurper, who took over Uruk.

Usurpador y opresor que saquea el templo, viola a Enheduanna y la despoja de su poder. Representa probablemente a Lugalanne, un rey conocido como el usurpador que se apoderó de Uruk.

Enki

God of wisdom and waters, gave food of life and water of life to Inanna.

Dios de la sabiduría y de las aguas, dio el alimento de la vida y el agua de la vida a Inanna.

Introduction

Years ago, when I was a Peace Corps volunteer, I woke up one night to a moaning, howling sound that seemed to move back and forth behind my house on the eroding edges of the Colombian hills. The moaning lasted most of the night, and in the morning I opened the front door and breathed in the strong smell of death. I was expecting to see our neighborhood birds, the vultures, sunning themselves in the trees when a neighbor came by and asked if I'd heard La Llorona the night before. "She wanders the hills," my neighbor said, "looking for her dead children." La Llorona is a spirit; she is the subject of stories and songs, and I had just heard her voice and smelled her deathly robes. I've never been able to forget my physical perception of this ancient story. In fact, it has driven me as a writer to seek the company of other women spirits such as Enheduanna, the woman poet who lived 4,000 years ago in Sumer—the birthplace of writing and history, the land we now call Iraq—and Inanna, the wild woman god who wanders through ancient myth on her way to hell and back again.[1]

I found Inanna's story when I was on a journey as a spiritual feminist, seeking wisdom and the female divine. The more I learned,

---

1   Jones, Deb Dale. *She Spoke to Them with a Stormy Heart: The Politics of Reading Ancient (or Other) Narrative.* (Dissertation Presented to the Faculty of the Graduate School of the University of Minnesota for the Degree of Doctor of Philosophy, 1993.) Jones coins the title "To Hell and Back Again" for Innana's journey.

the more I hungered for stories of Inanna, Ishtar, Sophia, Hathor, and Rhea, tales told around campfires late at night, embellished here and there, details added and subtracted by ancient minstrels who knew how to make the stories their own. I was curious about the point at which a storyteller decides to commit a tale to writing, on clay or stone or papyrus, and soon I found myself on another quest, a search for the people who had committed their stories to writing. I enrolled in obscure-language courses at the University of Minnesota and began to study the first written languages, Sumerian and Akkadian, memorizing pictographs, attempting to comprehend the most demanding grammatical rules I had ever encountered, and translating historical and economic texts. Through it all I was acting on faith. I was convinced that I would eventually find texts that had been composed by women; I was following a hunch that back in the old days when god was a woman, there must have been women who were writers and editors as well.[2] And, of course, there were.

Limestone disc decorated in relief with an image of Enheduanna, daughter of Sargon the Great. Source: UPennMuseum object 816665, image #139330.

***

2   Stone, Merlin. *When God Was a Woman*. (New York and San Diego: Harvest Books, Harvest edition,1978.)

One of them was a woman named Enheduanna, a poet, prince, and priest who used the legend of Inanna as the central metaphor in a long personal poem—*Nin-me-šar-ra*—a poem written somewhere around 2350 BCE, in honor of the resurrected god. I refer to Inanna as a god here because the Sumerian language didn't separate deities by gender—there were no goddettes or goddesses, just gods, some female, some male. And the same is true of the titles I use to describe Enheduanna; there's no need to call her a priestess, princess, or poetess, since those titles were not gendered either. Enheduanna is not just any writer; she is the first person in history to sign her name to a written work, the first identifiable poet. When Enheduanna pressed reeds into soft clay to write her poem to Inanna, she included lines that make it clear that she is the author of the work. No writer, man or woman, had ever done that before. She was the high priest and ruler in Ur and Uruk, ancient cities located in an area that would be southeast of Baghdad in modern-day Iraq. Although I have referred to her as a spirit because she lived over 4,000 years ago, Enheduanna was a real person, one we know actually existed because of evidence in historical records, literary documents, and archeological discs that include her image. Scholar William Hallo believes Enheduanna's story can be connected to a specific moment in history. She was the daughter of Sargon. She served as prince and high priest in the temples at both Ur and neighboring Uruk, and she was instrumental in helping her father hold the two city-states together. At Ur, Enheduanna served the moon god Nanna (also called Ashimbabbar); at Uruk, she served An, the god of heaven.[3]

At a high point in her career, Enheduanna was exiled from her temples. Her people were forced out of their homes. The sacred cloisters where Enheduanna had performed her priestly rituals were ransacked, and she was stripped of her powers, beaten, raped, and left to wander in the hills. In her poem, Enheduanna tells of being forced out of both Ur and

---

3   Hallo, William W., and J.J.A. Van Dijk. *The Exaltation of Inanna*. (New Haven: Yale University Press, 1968), pp. 2, 8, 9.

Uruk. Hallo believes that the scenes of urban turmoil in Enheduanna's poem describe the sacking of Uruk by Lugalanne, a usurper who upset the Sargonic regime and took over Uruk.[4] I call Lugalanne "big man in the sky" in my interpretation of Enheduanna's poem, having taken Lugalanne's name apart, identifying him sign-by-sign (lu-gal-an-ne or man-big-sky-in) not as a singular king of Uruk but as an "everyman-usurper-oppressor." When Enheduanna and her temple are taken over by the big man, she tries to get help from Ashimbabbar, the moon god, and from An, the god of heavenly skies, but they both refuse to help her. That is when she calls out to Inanna, comparing Inanna's epic journey to the Land of No Return to her own banishment from power.

Enheduanna sets the scene by reminding us who Inanna is—wild, beautiful, powerful, and spontaneous—a deity who is famous in the heavens as well as on earth. The poet imagines Inanna flying through the universe like a storm, like Ishkur, the god of storms, and tramping over the hills like a dragon, like Ushumgalana, the dragon of heaven, then abandoning everything to satisfy her curiosity about the Netherworld and taking a forbidden journey to the Land of No Return.[5]

When Enheduanna switches to her own story, she mingles her life with Inanna's, and we can't miss the parallels between the great myth of Innana and Enheduanna's personal mythology. Both are stripped of their powers, both are left spoiled and lifeless in the hands of antagonists, and in both cases, the people who depend on them are stripped of everything, even their ability to desire. In Inanna's story, her sister the underworld deity is moaning and groaning in labor. In Enheduanna's story, it is the poet who moans and groans and finally

---

4   Ibid., p.9.

5   The story line of Enheduanna's *Nin-me-šar-ra* is one that I have gleaned from Sumerian texts, during work with Daniel Reisman and Deb Dale Jones, and continuing independent work. Other texts consulted in this work include translations by Hallo and Van Dijk, *The Exaltation of Inanna,* and Samuel Noah Kramer, "Hymnal Prayer of Enheduanna: The Adoration of Inanna in Ur," in *Ancient Near Eastern Texts,* James Pritchard, ed. (Princeton: Princeton University Press, 1969.)

gives birth to her song. Enheduanna's birthing scene is one of the first in which a writer uses the obviously female metaphor to describe her creative process; she seems to be telling us that an artist will be stripped of everything except the creation that is born onto the empty page. The theory amazes and frightens me as a writer, but it doesn't cause me despair because it seems to be saying that if you relive the story of Inanna, whatever anguish or pleasure you stray into, you always have a chance of returning. To understand that challenge, it would be good to remember Inanna's story. Here is my retelling of Inanna's story, altered and embellished as folk stories often are. It goes like this:

Inanna was a brilliant and beautiful god, famous in love and furious in battle, supreme both in heaven and on earth. She was also a judge who knew all the rules and broke them whenever she wanted to. One day Inanna wanted to break the rule that said no one, not even a god like her, could go to the Otherworld and come back out alive. The rule was so well accepted the Sumerians called the Otherworld the Land of No Return. Inanna's sister Ereshkigal was in charge there, and she wasn't about to share her hellish domain with a sister who already had control of heaven and earth. But Inanna decided to go to the Otherworld anyway, and she prepared for the trip by dressing up in her crown, her flowing red robe, her necklace of lapis, and her carnelian vest. She carried the ropes of royalty in her left hand and tied the secret rules of the universe to her right wrist. Carefully, she lined her eyes with soft black coal and painted her lids and her lips with the tints she stored in shells from the sea, and then she called her administrative assistant Ninshubur and told her, "If I'm not back in three days and three nights, wrap yourself in rags, go to the gates of the Otherworld and weep for me, scratch at your face and claw at your thighs and beg the other gods for help."

Inanna then began her walk into the depths of the mountain, through the seven gates of hell. Of course, she wasn't expected in the Land of No Return; no one is expected. And at each of the gates, Ereshkigal instructed the gatekeeper to strip Inanna of one of her garments. First she lost her crown, then her jewels, then her vest, then her great robe. And as she went up and down into the Netherworld, the gatekeeper wiped the glamour from Inanna's face, demanded the royal ropes, and snatched the rules of the universe from her hands. Inanna did not protest because she was going through the gates of hell of her own free will. Finally, naked and powerless, she entered the room where her sister was moaning in pain. Within seconds, Ereshkigal, still groaning in labor, killed her sister Inanna and hung her naked body on a wooden stake.

People say Ninshubur, the faithful administrative assistant, did exactly as she was instructed. She waited three days and three nights, and when she hadn't heard from Inanna, she wrapped herself in rags, went to the gates of the Otherworld, and wept for Inanna, scratching at her face and clawing at her thighs. Then she set out to beg the other gods for help in getting Inanna back from the Land of No Return.

But the Sumerian gods knew they were not above the law, and none of them was willing to try to bring Inanna back; after all, she'd always been willful, and this time she'd simply gone too far. But just when Ninshubur thought no one would help her, she came to the temple of the god Enki, Inanna's uncle, god of wisdom and waters and, coincidentally, the god whom Inanna had tricked out of the secrets of the universe one night by getting him a little drunk on Sumerian beer.

"We mustn't let the beautiful Inanna perish in the Land of No Return," Enki said, and he created small beings from the dirt under his fingernails. The little creatures were neither male nor female, and they could move through the gates of hell like flies. Enki gave the food of life and the water of life to the creatures. "When you hear a woman's voice moaning as though she is laboring and giving birth, moan in sympathy," he told them as he sent them into the Otherworld. "When you hear someone weeping, weep in sympathy." Enki had a theory that Inanna's sister would soften when the creatures showed her compassion. "She'll offer you a gift," he said, "and when she does, ask for the corpse hanging on the wooden stake. Sprinkle Inanna with the water of life, nourish her with the food of life, and she'll come back from the dead. When she rises, you must walk her back through the gates of hell."

And so, the story goes, the creatures lead Inanna back to life, with the underworld marshals in hot pursuit, demanding that Inanna comply with the rules—that she come back or that she offer a substitute, someone who would take her place in hell. The demon marshals see Ninshubur bent in mourning at the edge of the path from hell, and they try to replace Inanna with her. But Inanna refuses the deal. "Look at her, she's dressed in rags, she's clawing at her body, she's weeping. You can't take her," Inanna says.

Later, they try to take Inanna's daughter and her son, but Inanna lodges the same protest each time. They are both in mourning for her, wearing rags, scratching at themselves, and weeping, so they are spared too.

In the end, when the procession—composed of the genderless creatures sent by Enki, the mourners, the resurrected Inanna, and the dreaded underworld demons—reaches the last of the gates, there is music and laughter coming from the garden just outside. It is Dumuzi, Inanna's husband, sitting on his throne in elegant garments, playing his flute, eating fruit, and sipping cool milk.

Inanna opens the last gate and sees that Dumuzi is having a party, that he hasn't even noticed she was gone.

The underworld spirits look at Dumuzi and say, "We'll take him."

"Be my guest," Inanna tells the demons, and the underworld spirits fly after Dumuzi. They beat him and try to drag him into hell, but he gets away, and the demons chase him clear across the earth before it is all over. But that's another story.[6]

---

6   Diane Wolkstein and Samuel Noah Kramer. *Inanna, Queen of Heaven and Earth: Her Stories, and Hymns from Sumer,* (New York: Harper and Row Publishers, 1983.) I have based my retelling on this work. In addition, I consulted Deb Dale Jones and read her translation of the Inanna story, *She Spoke to Them with a Stormy Heart,* and worked with Daniel Reisman, who guided my reading of *The Descent of Ishtar* in Akkadian cuneiform.

Of course Inanna returns at the end of Enheduanna's poem, just as she does at the end of her own story, saving Enheduanna and her people and proving that Inanna is as strong, if not stronger, than any big man in the sky, and certainly as powerful as both the god of the moon and the god of heaven.

Enheduanna did not write in words. She wrote in cuneiform pictographs that I have studied in formal classes, mentored readings, and solitary contemplation. Sumerian signs could signify more than one idea; they could express notions of person, place, or thing and could also express action and desire. In interpreting Enheduanna's work, I have tried to remain open to this ambivalence. In discussing this text, I have at times compared it to choral music and to hypertext poetry. I have suggested that the action stored in the cuneiform sign gives it the potential of a one-take movie. Although some may think of the forty-nine meditations that follow here as translations and others might think of them as folk songs heard around campfires, I prefer to think of them as riffs—improvised strains of the sort created by jazz musicians giving fresh interpretations to familiar songs. From time to time, I have included in the meditations on Enheduanna's signs phrases based on transcriptions of the Sumerian text. These lines are meant to be read as spontaneous sounds that carry us back into the ancient text, holding their own meanings without translation, a sort of Sumerian scat.

In "A Jazz Reading of Enheduanna," a later essay, I will explain more fully how I have approached the language issues and why I feel that a jazz reading gives the truest reading of Enheduanna's cuneiform signs. I will also explain the methods I used to meditate on the multiple meanings, creating the jazz riffs that produce in the end a persona poem, one in which I take on the voice of Enheduanna, humming the blues.

Cass Dalglish

Introducción

Hace muchos años, cuando trabajaba como voluntaria del Cuerpo de Paz, me desperté una noche oyendo algo parecido a un quejido, un aullido, que iba y venía detrás de mi casa, al borde de un terreno accidentado en Colombia. El quejido duró casi toda la noche y, cuando abrí la puerta delantera por la mañana, el aire que respiré estaba impregnado de un fuerte olor a muerte. Esperaba ver los buitres del vecindario posados sobre las ramas de los árboles tomando sol. Entonces, una vecina se me acercó y me preguntó si yo había oído a La Llorona durante la noche. "Ella recorre las colinas," me dijo, "buscando a sus hijos muertos." La Llorona es un espíritu que aparece en cuentos y canciones; y yo acababa de oírla y sentir el olor a muerte de su manto. Nunca he podido olvidar mi percepción física de esta antigua leyenda. De hecho, como escritora, ella me ha impulsado a buscar la compañía de otros espíritus femeninos—como Enheduanna, la mujer poeta que vivió hace 4,000 años en Sumeria, cuna de la escritura y de la historia, conocida hoy como Iraq, y de Inanna, la deidad salvaje que deambula por los mitos de la antigüedad rumbo al infierno, y después al cielo y a la tierra.[1]

Encontré la historia de Inanna durante mi evolución como feminista espiritual, en busca de la sabiduría y la divinidad femenina.

---

1   Jones, Deb Dale, *She Spoke to Them with a Stormy Heart: The Politics of Reading Ancient (or Other) Narrative.* (Disertación presentada ante el Profesorado de la Escuela de Postgrado de la Universidad de Minnesota para obtener el doctorado en Filosofía, 1993.)

Cuanto más aprendía, más anhelaba descubrir cuentos de Inanna, Ištar, Sofía, Hathor y Rea, cuentos narrados alrededor de una hoguera en horas avanzadas de la noche, embellecidos en algunos aspectos, con detalles añadidos o eliminados por trovadores de la antigüedad, quienes supieron apropiarse de esos cuentos. Me intrigaba el momento en que alguien decide dar forma fija a un cuento inscribiéndolo en arcilla, piedra o papiro, y no tardé en emprender otra búsqueda, para descubrir quiénes habían dado forma fija a los cuentos, escribiéndolos en vez de transmitirlos mediante la tradición oral. Me inscribí en cursos para aprender idiomas esotéricos dictados en la Universidad de Minnesota y comencé a estudiar los primeros idiomas escritos—sumerio y acadio—memorizando pictografías, tratando de comprender las más complicadas reglas gramaticales que había enfrentado durante mi vida, y traduciendo textos históricos y de economía. Hice todo esto como un acto de fe. Estaba convencida de que terminaría descubriendo textos escritos por mujeres. Me guiaba la corazonada de que en aquellos tiempos, cuando dios era mujer, habían existido mujeres que trabajaron como escritoras y redactoras.[2] Y por su puesto, sí existieron.

Disco de piedra caliza con una imagen en relieve donde aparece Enheduanna, hija de Sargón el Grande. Fuente: UPennMuseum, objeto 816665, imagen 139330.

2   Stone, Merlin. *When God Was a Woman.* (New York y San Diego: Harvest Books, edición de Harvest, 1978.)

Una de ellas era Enheduanna, poeta, príncipe y sacerdote, quien
utilizó la leyenda de Inanna como la metáfora central de un largo
poema personal titulado *Nin-me-šar-ra*, escrito cerca del año 2350
a.e.c. para honrar al dios resucitado. Hablo aquí de Inanna como
dios porque el idioma sumerio no separaba a los dioses por su género;
no había diosas, sino solamente dioses, algunos femeninos, otros
masculinos. Lo mismo se aplica a los títulos que utilizo para describir
a Enheduanna; no hay necesidad de llamarla sacerdotisa, princesa o
poetisa, porque esos títulos tampoco establecían entonces distinciones
de género. Enheduanna no es simplemente cualquier escritora. Es la
primera autora en la historia que firmó su obra escrita y es por lo tanto
la primera poeta identificable. Cuando Enheduanna escribió su poema
a Inanna utilizando tallitos secos para imprimir caracteres en arcilla
blanda, incluyó un verso que la identifica claramente como la autora
del poema. Ningún escritor, hombre o mujer, lo había hecho antes.
Ella era la pontífice y gobernante suprema de Ur y Uruk, ciudades
antiguas ubicadas en un área que, en el Iraq de hoy, estaría al sureste de
Bagdad. Aunque me refiero a ella como espíritu porque vivió hace más
de 4,000 años, Enheduanna existió en la vida real; lo sabemos debido a
pruebas encontradas en datos históricos, documentos literarios y discos
arqueológicos en los que aparece su imagen. El prestigioso académico
William Hallo opina que la historia de Enheduanna puede relacionarse
con una época específica. Era la hija de Sargón; sirvió como príncipe
y pontífice supremo en los templos de Ur y de la ciudad vecina de
Uruk, y ayudó a su padre a mantener una estrecha relación política
entre ambas ciudades-estados. En Ur, Enheduanna sirvió a la deidad
lunar Nanna (conocida también como Ashimbabbar); en Uruk, sirvió
a An, la deidad del cielo.[3]

En el cenit de su carrera, Enheduanna fue exiliada de sus templos.
Sus súbditos fueron expulsados de sus casas. Los claustros sagrados
donde Enheduanna había celebrado sus ritos sacerdotales fueron

---

3   Hallo, William W., y J.J.A. Van Dijk, *The Exaltation of Inanna*. (New
Haven: Yale University Press, 1968), pp. 2, 8, 9.

saqueados y ella fue despojada de sus poderes, golpeada, violada y condenada a deambular por las colinas. En su poema, Enheduanna describe su expulsión de Ur y Uruk. Hallo opina que las escenas de caos urbano que figuran en el poema describen el saqueo de Uruk por Lugalanne, el usurpador que derrocó a Sargón y se apoderó de Uruk.[4] En mi interpretación del poema, hablo de Lugalanne como el "hombre grande en el cielo," analizando su nombre e identificándolo símbolo por símbolo (lu-gal-an-ne, o sea, hombre-grande-cielo), no como un rey singular de Uruk sino como un "hombre cualquiera-usurpador-opresor." Cuando Enheduanna y sus templos caen en poder de Lugalanne, ella trata de obtener ayuda de Ashimbabbar, la deidad de la luna, y de An, la deidad de los cielos, pero ambos se niegan a ayudarla. Es entonces cuando pide a gritos que Inanna la socorra, comparando su expulsión del poder con el viaje épico de Inanna a la Tierra sin Retorno.

Enheduanna prepara la escena haciéndonos recordar quién es Inanna—indómita, hermosa, poderosa y espontánea—una deidad famosa tanto en el cielo como en la tierra. La poeta se imagina a Inanna volando por el universo como una tormenta, como Ishkur, dios de las tormentas; pisando las colinas como un dragón, como Ushumgalana, el dragón del cielo; abandonándolo todo después para emprender un viaje prohibido y satisfacer así su curiosidad acerca de la Tierra sin Retorno.[5]

Cuando Enheduanna se ocupa de su propia historia, ella combina su vida con la de Inanna, haciendo imposible hacer caso omiso del paralelismo entre el gran mito de Inanna y la mitología personal de Enheduanna. Ambas quedan despojadas de sus poderes, violadas y

---

4　Ibid., p. 9

5　He recogido elementos del argumento del poema *Nin-me-šar-ra* de Enheduanna de varios textos sumerios durante mis estudios con Daniel Reisman y Deb Dale Jones, y durante la continuación de mis estudios independientes. Otros textos consultados en esta labor incluyen traducciones hechas por Hallo y Van Dijk (*The Exaltation of Inanna*) y por Samuel Noah Kramer ("Hymnal Prayer of Enheduanna: The Adoration of Inanna in Ur," en *Ancient Near Eastern Texts*, James Pritchard, ed. Princeton: Princeton University Press, 1969.)

exánimes en manos de gente hostil y, en ambos casos, quienes dependían de ellas también quedan despojados de todo, hasta de su capacidad para el deseo. En la historia de Inanna, su hermana, Ereshkigal, la deidad del averno, da gruñidos y gemidos con dolores de parto. En el caso de Enheduanna, es la poeta la que gruñe y gime para terminar dando a luz a su canto. La descripción que hace Enheduanna del parto es una de las primeras en la que se utiliza esta metáfora obviamente femenina para describir el proceso creativo; pareciera decirnos que la artista quedará despojada de todo menos de la creación que nace sobre la página en blanco. La teoría me maravilla y me asusta como escritora, pero no me desespera porque pareciera decirnos que, si revivimos la historia de Inanna, sea cual fuere la angustia o el placer que experimentemos durante el proceso, tendremos siempre la posibilidad de volver. Para comprender este reto, nos convendría recordar la historia de Inanna. He aquí mi narración de la historia de Inanna, modificada y embellecida como a menudo ocurre en los cuentos folklóricos. Y dice así:

Inanna era una deidad brillante y hermosa, famosa en el amor e implacable en las batallas, suprema tanto en el cielo como en la tierra. Como juez, conocía todas las reglas y las violaba cuando se le antojaba. Un día, Inanna quiso violar la regla que ordenaba que nadie, ni siquiera una deidad como ella, podía ir al averno y regresar con vida. La aceptación de esta regla estaba tan arraigada que los sumerios hablaban de la Tierra sin Retorno. Ereshkigal, la hermana de Inanna, reinaba allí y no estaba dispuesta en lo absoluto a compartir su dominio infernal con una hermana que ya controlaba el cielo y la tierra. Sin embargo, Inanna decidió ir al averno de todos modos y se preparó para el viaje poniéndose su corona, su elegante manto largo y rojo, su collar de lapislázuli y su chaleco de cornalina. En la mano izquierda llevaba las cuerdas de la realeza y, atadas a la muñeca derecha, las reglas secretas del universo. Cuidadosamente, acentuó el contorno de sus ojos con carbón blando, y se tiñó los párpados y los labios con polvos que tenía guardados en conchas marinas; luego, llamó a su asistente Ninshubur y le dijo: "Si al final de tres días y tres noches no he regresado, cúbrete de harapos, acércate a la entrada del averno y llora por mí. Aráñate la cara y los muslos para rogar a los otros dioses que te ayuden."

Inanna comenzó entonces su marcha hacia las entrañas de la montaña, atravesando las siete puertas del infierno. Por supuesto, no la esperaban en la Tierra sin Retorno; a nadie se le espera allí. Y en cada una de las puertas, Ereshkigal ordenaba al guardián que le quitara a Inanna una de sus prendas. Las fue perdiendo una por una: primero, su corona; luego, sus joyas, su chaleco, su largo manto. Y a medida que Inanna subía y bajaba por el averno, el guardián le quitaba el maquillaje, la despojaba de las cuerdas reales y le arrebataba de las manos las reglas del universo. Inanna no protestaba porque ella atravesaba las puertas del infierno por voluntad propia. Finalmente, desnuda y sin poderes, entró en el cuarto donde su hermana gemía adolorida. En cuestión de segundos Ereshkigal, todavía sumida en los dolores de parto, mató a Inanna y colgó su cadáver desnudo en una estaca de madera.

Dicen que Ninshubur, la asistente fiel, siguió exactamente las instrucciones que Inanna le había dado. Esperó tres días y tres noches y, cuando no tuvo noticias de Inanna, se cubrió de harapos, se acercó a las puertas del averno y lloró por Inanna, arañándose la cara y los muslos. Luego, se dispuso a rogar que los otros dioses la ayudaran a rescatar a Inanna y sacarla de la Tierra sin Retorno.

Pero los dioses sumerios sabían que no estaban por encima de la ley y ninguno intentó rescatar a Inanna; después de todo, ella siempre había sido terca y esta vez simplemente se había sobrepasado. Pero, justo cuando Ninshubur pensaba que nadie le ayudaría, llegó al templo de Enki, el tío de Inanna, dios de la sabiduría y de las aguas; y el caso es que Enki era el dios a quien Inanna le había sonsacado los secretos del universo, embriagándolo una noche con cerveza sumeria.

"No podemos permitir que la hermosa Inanna perezca en la Tierra sin Retorno," dijo Enki, y procedió a sacarse el sucio de las uñas para crear unas pequeñas criaturas. Estas criaturas no eran ni macho ni hembra y podrían pasar por las puertas del infierno como moscas. Enki dio a sus pequeñas criaturas el alimento de la vida y el agua de la vida a Inanna. Al enviarlas al averno les dijo: "Cuando oigan el llanto de alguien, únanse a su llanto. Cuando oigan a una mujer gemir como si estuviera en labores de parto, únanse a su gemido con simpatía." Enki creía que a la hermana de Inanna se le ablandaría el corazón cuando las criaturitas mostraran su compasión. "Ella les ofrecerá un regalo," les dijo, "y cuando lo haga, pídanle el cadáver colgado en la estaca de madera. Rocíen a Inanna con el agua de la vida, nútranla con alimento de vida, y con eso la revivirán. Cuando se levante, deberán caminar de regreso con ella hasta salir por las puertas del infierno."

Y así, según cuenta la leyenda, las pequeñas criaturas conducen a Inanna a su vida de antes, perseguidas por los alguaciles del infierno, quienes exigen que ella obedezca las reglas—que regrese con ellos u ofrezca un sustituto que ocupe su sitio en el infierno. Cuando los alguaciles ven a Ninshubur doblegada por el llanto al lado del sendero que conduce al infierno, tratan de sustituir a Inanna por ella. Pero Inanna se niega a aceptar el trato. "Mírenla," dice Inanna. "Está cubierta de harapos, está arañándose el cuerpo y llorando. No se la pueden llevar."

Después, ellos tratan de llevarse a la hija y al hijo de Inanna, pero ella protesta cada vez de la misma manera: Ambos están desconsolados por ella, vestidos de harapos, arañándose el cuerpo y llorando, así que a ellos tampoco los condenan.

Al final, cuando el cortejo—formado por las pequeñas criaturas sin género enviadas por Enki, los dolientes, Inanna resucitada y los temibles demonios infernales—llega a la última puerta, escuchan música y risas provenientes del jardín al otro lado de la puerta. Es Dumuzi, el esposo de Inanna, sentado muy engalanado en su trono, tocando su flauta, comiendo frutas y tomando sorbitos de leche fresca.

Al abrir la última puerta, Inanna se da cuenta de que Dumuzi ha organizado una fiesta, sin haberse dado cuenta siquiera de la ausencia de su esposa.

Los espíritus del infierno miran a Dumuzi y dicen: "Nos lo llevamos."

"Enhorabuena," les dice Inanna. Los espíritus vuelan hacia Dumuzi, lo atacan a golpes y tratan de llevárselo arrastrado al infierno; pero él se les escapa y se ven obligados a corretearlo por toda la tierra antes de atraparlo. Pero eso es otro cantar.[6]

Por supuesto, al final del poema de Enheduanna, Inanna regresa, así como Enheduanna regresa al final de su propia historia; Inanna salva a Enheduanna y a su pueblo, demostrando que su fuerza es igual o mayor que la de cualquier hombre grande en el cielo y que, sin lugar a dudas, ella es más poderosa que el dios de la luna y el dios del cielo.

Enheduanna no escribió con palabras. Escribió utilizando las pictografías cuneiformes que he estudiado en clases formales, en lecturas dirigidas y en mis meditaciones solitarias. Los signos sumerios podían tener significados múltiples; podían denotar a personas, lugares o cosas, y expresar también acciones y deseos. Al interpretar la obra de Enheduanna, he tratado de reconocer estas ambivalencias. Y al conversar sobre el texto, lo he comparado a veces con obras de música coral y de poesía hipertextual. He sugerido que la acción captada en un signo cuneiforme le confiere el potencial de una película filmada con la técnica de plano-secuencia. Aunque puede haber quienes consideren las cuarenta y nueve meditaciones siguientes como traducciones o como tonadas folklóricas cantadas alrededor de una hoguera, yo prefiero considerarlas como lo que en inglés llamamos riffs—melodías improvisadas como las creadas por músicos de jazz al reinterpretar canciones populares. De vez en cuando, he incluido en mis meditaciones sobre los signos de Enheduanna frases basadas en transcripciones del texto sumerio. Estos versos deben leerse como sonidos espontáneos que

---

6   Diane Wolkstein y Samuel Noah Kramer. Inanna, *Queen of Heaven and Earth: Her Stories, and Hymns from Sumer.* (New York: Harper and Row, Publishers, 1983.) He basado mi versión en esta obra. Consulté además a Deb Dale Jones y leí su traducción de la leyenda de Inanna, *She Spoke to Them with a Stormy Heart.* Estudié también con Daniel Reisman, quien me guió en la lectura de *The Descent of Ishtar,* escrito con signos cuneiformes acadios.

encierran su propio significado sin necesidad de traducción y que nos transportan al texto antiguo—como una especie de scat sumerio.

En mi "Lectura al Estilo Jazz," el ensayo al final de este libro, explicaré con mayores detalles mi manera de enfocar los problemas lingüísticos y las razones por las que considero que una lectura basada en el jazz es la forma de interpretar con mayor fidelidad los signos cuneiformes de Enheduanna. Explicaré además los métodos que utilicé para meditar sobre sus significados múltiples, creando los riffs que producen al final un poema-persona en el que utilizo la voz viva de Enheduanna para cantar sus blues a boca cerrada.

Cass Dalglish

A Jazz Reading of Enheduanna

Any discussion of a jazz reading of cuneiform signs is essentially a discussion of free interpretation. In creating the forty-nine meditations on Enheduanna's cuneiform signs, I have tried, in my regeneration of Enheduanna's poem, to do as Walter Benjamin has suggested, to tap into "that pure language which is under the spell of another, to liberate the language imprisoned in a work.[1] I have attempted to open Enheduanna's text for a contemporary reading, all the while leaving her images unfettered by the expectations of the English language. In doing so, I have also broken with many of the standard practices of scholarly translation in order to make use of a number of approaches to both writing and meaning.

An interpreter of texts cannot—in the twenty-first century—rely solely on traditional methods in the translation and interpretation of literature. In her essay "Forms in Alterity: On Translation," Lyn Hejinian reminds us of Samuel Beckett's advice: "The original, 'the work in front of you,'" he says, "will always demand another translation. No matter. Try again. Fail again. Fail better."[2]

As a college professor of English, I often find myself advising my students to seek clarity in their writing, to lay their words down on the blank page in such a way that their readers are able to grasp, immediately, what it is that they want to say. "Keep it simple," I hear

---

1   Benjamin, Walter. *Illuminations*, edited and with an introduction by Hannah Arendt; translated by Harry Zohn. (New York: Schocken Books, 1969), p. 80.

2   Beckett, Samuel, in Hejinian, Lyn. *The Language of Inquiry*. (Berkeley: University of California Press, 2000), p. 305.

myself telling them as I repeat the mantra my editors used when I worked in the news business. "Don't get fancy." Ink the words onto the page in a nonintrusive manner. Avoid typefaces that create fences between your readers and the message you want to send.

My advice reveals the fact that I am, from time to time, seduced into what Richard Lanham calls the Clarity-Brevity-Sincerity[3] school of thought—a school that espouses easy access to "correct" meaning, a way of thinking that suggests the very arrangement of words on the page offers a clear view of a "meaning," that, in fact, there may be only one way of reading any given text. Don't stop us while we're reading the page, we seem to be saying, don't make us consider an idea's shape, or the color of a word, or the possibility that a phrase could have more than one meaning. We read as though we had found the Ur text, as though significance could be cast invisibly into stone. But when we rely on that "invisible" clarity, we, as readers, surrender our roles as participants in the making of meaning. We give up our freedom to interpret, and in doing so we thoroughly misread the historical reality of an actual Ur text—the original writing committed to stone and clay thousands of years ago in Mesopotamia.

When Enheduanna—poet, prince, and priest of the moon god at the city of Ur—pressed her wedge-shaped reed into soft clay to write her Ur text, her song to the deity Inanna, she was using cuneiform signs that had evolved from literal pictographs, signs that carried multiple meanings and which were combined in various ways with numerous other signs that also had multiple values. Using a rebus-style set of symbols, she created a work that can be read with all the ambiguity that poetry demands, a poem that can be amplified, stretched, and altered, all the while continuing to "mean." Because Enheduanna wrote in Sumerian, she required an active reader who was willing to surmise which of many possible meanings she intended, how many of the many possible readings, or perhaps—since she was a poet, not a historian or

---

3   Lanham, Richard. *The Electronic Word: Democracy, Technology, and the Arts.* (Chicago: University of Chicago Press, 1994), p.34.

journalist—a reader who might notice that she intended all of the many possible meanings. A single Sumerian sign may have five, ten, twenty, or more values, and in literary texts these multivalent signs are set next to other multivalent signs, introducing immense allusive possibility. Four thousand years ago, Enheduanna needed readers who were willing to improvise, rework, adjust, and rethink relationships between the signs, then reinvent the text as they interpreted her song to Inanna. This is the same kind of reader Barbara Page and Joan Retallack are talking about in Page's discussion of women's writing and hypertext, readers who are willing to offer "active participation" in an "ongoing textual process."[4]

But this is not the common scholarly approach to the translation of ancient text. The scholarly formula for the interpretation of a Sumerian text is similar to the reading practice employed by proponents of the "Clarity-Brevity-Sincerity" school. Scholarly tradition calls for the use of a transliterative method, requiring the assignment of a single interpretation to a sign, locking in what is judged to be a "correct" meaning at the first stage of translation. Assigning specific fixed alphabetic and verbal values to each pictographic symbol allows the interpreter to limit the reader's access to the Sumerian writer's text. If the goal of the interpreter is to establish a historical record, a single view of a historical moment, this method manipulates the text toward that end.

The following is an example of a fixed reading of the first line of Enheduanna's poem *Nin-me-šar-ra* in Sumerian cuneiform. Right beneath it is the Sumerian transliteration, as translated in the traditional method by William Hallo and J.J. A.Van Dijk, and below that is Hallo's English translation.[5]

---

4   Page, Barbara. "Women Writers and the Restive Text: Feminism, Experimental Writing and Hypertext." *Postmodern Culture*, 6(2), January 1996. Reprinted in *Cyberspace Textuality: Computer Technology and Literary Theory*. Ed. Marie-Laure Ryan. (Bloomington: Indiana University Press, 1999.)

5   Hallo, William W., and J.J.A. Van Dijk. *The Exaltation of Inanna*. (New Haven: Yale University Press, 1968}, pp.14,15.

Line 1

nin / me / šar / ra   u /   dalla / è /   a
Lady of all the me's   resplendent light

Although this has been the accepted way to translate these ancient texts, this method of assigning a singular meaning to the text turns the interpreter into the mis-interpreter.

Enheduanna is recognized as a poet and her work respected as a poem, and a "closed" interpretation moves us away from "other/ additional/simultaneous texts."[6] When this line is unbound, freed from the necessity of a single historical translation, the many values that might be attributed to the cuneiform signs become apparent. The following is another example of the first line of Enheduanna's poem *Nin-me-šar-ra* in Sumerian cuneiform, with additional possible meanings that are available to the reader when the variant meanings of the signs in the first line are made visible.

Line 1

lord rite/ totality/ of/   day/ appears/ who
ruler/ law/ all/ strike/   sun/ light/ shines/
prince/ to be/ everything/   grand lion/ storm/ reveal/
nin/ sister/ secret/ blow/   silver/ ring/ resplendent/
regent decision/ pure/ link/   white/ ringlets/ come forth/
sovereign plural/ sweet/ measure   bliss/ sunrise/ Tigris/ go here/ there

---

6   Retallack, Joan, quoted in Page, "Women Writers and the Restive Text. Feminism, Experimental Writing and Hypertext." *Postmodern Culture*, 6(2), January 1996. Reprinted in *Cyberspace Textuality: Computer Technology and Literary Theory*. Ed. Marie-Laure Ryan. (Bloomington Indiana University Press, 1999.)

As I have worked with Enheduanna's *Nin-me-šar-ra* over the years, I have tried and tried again, failed and failed better. I have suggested that a feminist reading is in order as we look at the work of a woman who was the first in history to sign her text—a transgressive act in 2350 BCE—a good four thousand years before Kristeva and others would tell us about the feminist nature of textual subversions. We might look at a line of Enheduanna's poetry as though we were seeing a bundle of images and actions, a montage, something like Gertrude Stein's "Word Heaps," a "pastiche" that begs for fragmentation, explosion, and reinterpretation. When the possibilities of meaning are layered, simultaneously, one atop the other, layers of meaning in the first line of text make themselves visible.

> Tigris sunrise
> secret sister
> go here measure go there
> grand lion sunlight storm shining link
> silver ring ruler who appears who is everything
> come forth sweet sovereign blow white ringlets
> strike the day
> bliss

The explosion of meaning in this "word heap" differs significantly from Hallo's scholarly translation, "Lady of all the me's (sic) resplendent light."

Enheduanna's poem also reminds us of hypertext poetry, especially Jim Rosenberg's stacks of "super-word, phrase clusters." In Rosenberg's hypertext, "to exist is to be combined, to be juxtaposed, to radiate from a layer, one of many layers." In his discussion of electronic poetry, Rosenberg says the electronic poem alters "phrase into super-word, phrase cluster into an ignition where the resonances will seem to move, as a flame moves, though the words are fixed and do not change." Rosenberg says his images stack "atop one another (as) simultaneities, as the world is full of simultaneities of lives, of thoughts, of desires, of reaching and refusals: the word not as a solo act but as a particle in a field, autonomous, an object in a field where to exist is to be combined, to be juxtaposed, to radiate from a layer, one of many layers...because to be in a packed cluster of circumstance is the natural condition of being."[7]

The cuneiform line seen in this fashion calls to mind what Stephanie Strickland has described as "embeddedness" or "nestedness" in hypertext poetry.[8] Reading Enheduanna's ancient poem through the screen of hypertext offers a de-centered, re-centered and thoroughly ambiguous interpretation of Enheduanna's work. Ambiguity is essential if we are to understand what the Sumerian poet wrote when she pressed signs into clay, for the signs themselves, multivalent and in some cases embedded one in another, make the poem.

This is the Sumerian woman writer's "feminine text," which, as Retallack says, "implicitly acknowledges and creates the possibility of other/additional/simultaneous texts."[9] If we assign specific fixed alphabetic and verbal values to specific pictographic symbols, we move away from the Sumerian writer's poem.

The pictographic signs in Enheduanna's poem represent people and things; they describe action; they even express longing and desire. Linger over them as though you were watching a film, and you see their power. In my work with Enheduanna's text, I have done that, considering the cuneiform text in light of what Adrian Miles has called the "allure of the cinematic" in hypertext.[10] When I applied a cinematic reading to the cuneiform, I could see that these signs were more than

---

7   Rosenberg, Jim. "Foldings, to the Chord Trellis Relate-Shape Draw, Notes for the Appearance of Diffractions through and The Barrier Frames." *Eastgate Quarterly Review of Hypertext*, 2(3), Summer, 1996.

8   Strickland, Stephanie. Talk given at Hamline University, St. Paul, MN, April 10,1997.

9   Retallack, Joan, quoted in Page, "Women Writers and the Restive Text."

10   Miles, Adrian. This essay first appeared as "Cinematic paradigms for hypertext" in Continuum: Journal of Media and Cultural Studies, 13(2), July 1999, pp.217-226.

a collection of simultaneous designs and intentions, more than nouns, verbs, and invisible grammatical markers to be moved around and linked among. The meanings inherent in a single pictograph offer setting, actors, action, and intention—enough to suggest that each sign might be read as a single-take movie.

And finally, I have taken all of these approaches into consideration as I have applied a jazz aesthetic to Enheduanna's cuneiform signs, opening them to meditation and improvisation. Hejinian says the task of poetry, the work of art, is "to restore the liveliness to life...it must make the familiar remarkable, noticeable again; it must render the familiar unfamiliar." In her view, the reader has before her an original text, one that she approaches with both understanding and fear, responding to the original text and offering "an alternative to it."[11]

To offer as full an alternative as possible to the traditional translation of Enheduanna's text, I have gone back to the moment before the syllabic transliterations used by historians, to the cuneiform signs themselves. When I was learning to decipher the Sumerian signs, I was impressed by my professor's ability to read them fluently, translating directly from the signs into English. Because I have read Sumerian from the point of view of a poet rather than an Assyriologist, I have never mastered the skill of sight reading. But as I was working, I knew that I needed to make the signs—and the poet's intentions—much more approachable. I wanted to see her patterns, recognize her sight rhymes, notice her inversions, and count her repetitions. Fortunately, each Sumerian sign has been given a specific numeric code-a number recognized by scholars around the world—and assembled into a glossary by Rene LaBat.[12] I went back to the signs, and to the codes assigned to each one, and did one more translation, this time into the numeric codes. With the entire poem set out in numbers, I could read more fluently; in fact, I could sight read the numbers and I could begin to approach the text.

---

11   Hejinian, Lyn. *The Language of Inquiry*, pp.301, 305.

12   LaBat, Rene. *Manuel D'Épigraphie Akkadienn*. (Paris: Librairie Orientalist Paul Geuthner, S.A. Nouvelle Edition, Revue et Corrigée, 1976.)

Here's an example of how the numeric translation helped me interpret Enheduanna's text: When I studied the numbers, I could easily see that Enheduanna was using sign number 172 repeatedly, sometimes three times in one line. Sign number 172 is one that traditional scholars have most often used as an invisible marker that carries grammatical meaning but does not denote person, place, thing, action, or intention. But this notion is only one of its several meanings. Sign number 172 also signifies fire, and once I could see that the poet inserted fire into her poem over and over again, I knew that she wanted her readers to catch the scent of smoke.

In a complete numeric draft of the poem, I have included all of the readings from the variety of copies of Enheduanna's text that have been uncovered by scholars.[13] The following is a brief example of some of the numeric codes associated with the first line of Enheduanna's *Nin-me-šar-ra*:

Line 1

556	532	396	328	381	74X	381	579

I have no difficulty riffing on Enheduanna's signs when I see them as numeric codes. And it has also given me a way to play with Enheduanna's "breath units" or "mind breaths" as Allen Ginsberg would call them.[14] Henry Louis Gates describes the jazz aesthetic as a form that "suggests a given structure precisely by failing to coincide with it, that is, suggests it by dissemblance."[15] Repeating a form and then inverting it through

---

13　Unpublished numeric translation produced by Cass Dalglish from Sumerian texts of Enheduanna's *Nin-me-šar-ra*.

14　Allen Ginsberg is quoted in Gennari, John. "Jazz Criticism: Its Development and Ideologies," *Black American Literature Forum*, 01486179, 25(3), Fall 1991, Academic Search Premier.

15　Henry Louis Gates quoted in Harris, William J., *The poetry and poetics of Amiri Baraka: the Jazz Aesthetic*. (Columbia: University of Missouri Press, 1985}, p.15.

a process of variation is central to jazz. Another essential quality of jazz is the acknowledgment of an existing line in the midst of its variation and inversion, the creation of the new from the existing, all theswhile freely appropriating and misappropriating utilitarian language. In *Humming the Blues*, I acknowledge established translations based on syllabic transliterations and locked—by traditional readings—into a single meaning. At the same time, I vary, invert, and improvise directly from Enheduanna's signs. Applying the jazz aesthetic has allowed me to take my interpretation backward to re-examine the text through feminist, cinematic, transgressive, and subversive hypertextual lenses, to freely appropriate and misappropriate as I create a new poem from the existing one.

Jazz, according to John Gennari, is a form that dissents from "the logocentric tyranny of standard English, [and] eschews referential lyrics in favor of vocalized sounds"—creating units of meaning, message lines, scats—"whose meaning is their own sound.[16] Amiri Baraka's "It's Nation Time" offers a scat whose meaning is its own sound:[17]

Boom

Boom

Boom

boom

Dadadadadadadadadada

Boom

As Gennari says, jazz is a "progenitor of new forms, an inventor of new languages, a creator of new ways to express meaning." This is because "'jazz' semantics hinge on process, jazz generates new meanings with every performance."[18]

---

16 Gennari, John."Jazz Criticism: Its Development and Ideologies," *Black American Literature Forum*, 01486179, 25(3), Fall 1991, Academic Search Premier.

17 The poem appears in William J. Harris, *The Poetry and Poetics of Amiri Baraka: the Jazz Aesthetic*. (Columbia: University of Missouri Press, 1985.)

18 Gennari, "John." Jazz Criticism: Its Development and Ideologies," *Black American Literature Forum*, 01486179, 25(3), Fall 1991, Academic Search Premier.

This may be very close to what Enheduanna's original readers found themselves doing every time they were "active participants" in an "ongoing textual process," considering the multiple meanings of the cuneiform line and making the kind of "point-of-production creative choices" that Satchmo made in what Gennari has called—coincidentally—his "ur-scat."

In my riffs on the signs that Enheduanna pressed into clay four thousand years ago, I have included some "ur-scat," the traditionally transliterated syllabic units, sounds in this case, that offer their own meanings. They are not phonetic. We don't really have any idea at all what this language sounded like.

We can only improvise, as I do freely in *Humming the Blues*, offering a new set of verses in a new language, inspired by Enheduanna's *Nin-me-šar-ra*.

Cass Dalglish

Lectura al Estilo Jazz

Cualquier conversación sobre una lectura al estilo del jazz de los signos cuneiformes es esencialmente un diálogo sobre la interpretación libre. Al crear las cuarenta y nueve meditaciones sobre los signos cuneiformes de Enheduanna, he tratado, al regenerar el poema de Enheduanna, de hacer lo que sugiere Walter Benjamin: aprovechar "ese lenguaje puro expresado bajo el hechizo de otro, liberar el lenguaje aprisionado en una obra."[1] He tratado de abrir el texto de Enheduanna para una lectura contemporánea, dejando siempre sus imágenes libres de las expectativas del inglés. Al hacerlo, he roto con muchas de las prácticas aceptadas de por la traducción académica, para enfocar de diversas maneras tanto la escritura como el significado.

Quien interpeta un texto en el siglo veintiuno, no puede fiarse exclusivamente de métodos tradicionales para la traducción e interpretación de obras literarias. En su ensayo titulado "Forms in Alterity: Translation," Lyn Hejinian nos hace recordar el consejo de Samuel Beckett: "El original, 'la obra delante de ti,' nos dice, 'exigirá siempre otra traducción. No importa. Haz otro intento. Fracasa otra vez. Fracasa mejor,'"[2]

---

1   Benjamin, Walter. *Illuminations*, editado y con una introducción por Hannah Arendt; traducido [del alemán al inglés] por Harry Zohn. (New York: Schocken Books, 1969), p. 80.

2   Beckett, Samuel, en Hejinian, Lyn. *The Language of Inquiry*. (Berkeley: University of California Press, 2000), p. 305.

Como profesora de inglés a nivel universitario, con frecuencia me sorprendo exhortando a mis estudiantes a escribir con claridad, a colocar sus palabras en la página en blanco de manera que sus lectores capten de inmediato lo que les quieren decir. "No lo compliquen," les digo, repitiendo el mantra que mis editores utilizaban cuando era periodista. "No seas demasiado creativa. Escribe las palabras sobre la página sin complicaciones. Evite fuentes tipográficas que creen barreras entre tus lectores y el mensaje que les deseas comunicar."

Mis consejos revelan que de vez en cuando me dejo seducir por lo que Richard Lanham llama la escuela de opinión Claridad-Brevedad-Sinceridad,[3] la cual recomienda un acceso fácil al significado "correcto," una manera de pensar según la cual la disposición misma de las palabras en la página ofrece la percepción clara de un "significado"—que puede haber, en efecto, una sola manera de leer un texto determinado. No traten de detener nuestra lectura de esta página, pareciéramos decir; no nos obliguen a considerar la forma de una idea, el color de una palabra o la posibilidad de que una frase tenga más de un solo significado. Leemos como si hubiéramos encontrado el texto Ur, como si la relevancia de su significado pudiera grabarse invisiblemente en piedra. Pero, cuando dependemos de esa claridad "invisible," abandonamos nuestro papel como participantes en la creación del significado. Renunciamos nuestra libertad para interpretar el texto y, al hacerlo, malentendemos por completo la realidad histórica de un verdadero texto Ur, la escritura original plasmada en piedra y arcilla hace miles de años, en Mesopotamia.

Cuando Enheduanna, poeta, príncipe y sacerdote del dios de la luna en la ciudad de Ur, estampó en arcilla blanda su tallito seco en forma de cuña para escribir su texto Ur, su canto a la deidad Inanna, utilizó signos cuneiformes inspirados por pictografías literales, signos que conllevaban significados múltiples y que se combinaban de diversas maneras con muchos otros signos que también poseían valores múltiples. Sirviéndose de símbolos

---

3   Lanham, Richard. *The Electronic Word: Democracy, Technology, and the Arts*. (Chicago: University of Chicago Press, 1994), p. 30.

jeroglíficos, ella creó una obra que puede leerse con toda la ambigüedad que exige la poesía, un poema que puede ampliarse, extenderse y alterarse, siempre sin perder su capacidad de "significar." Porque Enheduanna escribió en sumerio, necesitaba de lectores dispuestos a conjeturar con ella cuáles y cuántos de los muchos significados posibles ella intentaba expresar, o bien, como era poeta y no historiadora o periodista, a percatarse de que su intención era expresarlos todos. Un solo signo sumerio puede tener cinco, diez, veinte valores o hasta más, y en los textos literarios estos signos multivalentes se colocaban al lado de otros signos multivalentes, creando un sinnúmero de posibilidades alusivas. Hace cuatro mil años, Enheduanna necesitaba de lectores dispuestos a improvisar, modificar, adaptar y reconsiderar las relaciones entre los signos, para luego reinventar el texto a medida que interpretaban su canto a Inanna. Es el mismo tipo de lectores que Barbara Page y Joan Retallack tenían en mente al hablar de la escritura femenina y el hipertexto, lectores dispuestos a tener una "participación activa" en un "proceso textual sostenido."[4]

Sin embargo, éste no es el enfoque académico común empleado en la traducción de textos antiguos. La fórmula académica que se aplica a la interpretación de un texto sumerio es similar a la práctica de lectura utilizada por los discípulos de la escuela de opinión Claridad-Brevedad-Sinceridad. La tradición académica requiere el uso de un método transliterativo según el cual se asigna una sola interpretación a cada signo, fijando lo que se considera un significado "correcto" en la etapa inicial de la traducción. La asignación de valores alfabéticos y verbales específicos y fijos a cada símbolo pictográfico hace que los intérpretes limiten el acceso de los lectores al texto del escritor sumerio. Si bien el objetivo del intérprete es establecer un documento histórico, una sola y exclusiva perspectiva de un momento histórico, este método manipula el texto y lo dirige hacia ese objetivo.

---

4   Page, Barbara. "Women Writers and the Restive Text: Feminism, Experimental Writing and Hypertext." *Postmodern Culture*, 6(2), enero de 1996. *Reimpreso en Cyberspace Textuality: Computer Technology and Literary Theory*. Ed. Marie-Laure Ryan. (Bloomington: Indiana University Press, 1999).

Lo siguiente es un ejemplo de una lectura fija del primer verso del poema *Nin-me-šar-ra* de Enheduanna, escrito con signos cuneiformes. Inmediatamente después del verso aparece la transliteración del sumerio, traducido según el método tradicional por William Hallo y J.J.A. Van Dijke; y debajo de ella está la traducción al inglés de Hallo.[5]

Line 1

nin / me / šar / ra   u /   dalla /   è /   a
Señora de todos los me's   luz resplandeciente

Aunque ésta ha sido la manera aceptada de traducir estos textos antiguos, este método de asignar un solo significado al texto convierte a los intérpretes en malos-intérpretes.

Se reconoce a Enheduanna como poeta y se respeta su obra como poema; una interpretación "cerrada" nos desvía hacia "textos alternativos/adicionales/simultáneos."[6] Cuando este verso se libera de la necesidad de una sola traducción histórica, se revelan numerosos valores que podrían atribuirse a los signos cuneiformes.

Lo siguiente es otro ejemplo del primer verso del poema *Nin-me-šar-ra* de Enheduanna en sumerio cuneiforme, con posibles significados adicionales puestos a la disposición de los lectores cuando las variantes de los signos del verso se hacen visibles.

---

5   Hallo, William W., y J.J.A. Van Dijk, *The Exaltation of Inanna*. (New Haven: Yale University Press, 1968), pp. 14, 15.

6   Retallack, Joan, citada en Page, "Women Writers and the Restive Text: Feminism, Experimental Writing and Hypertext." *Postmodern Culture*, 6(2), enero de 1996. Reimpreso en *Cyberspace Textuality: Computer Technology and Literary Theory*. Ed. Marie-Laure Ryan. (Bloomington: Indiana University Press, 1999).

Line 1

rito señor/totalidad/de/
gobernante/ley/todo/acuñar/
príncipe/ser/todo/
nin/hermana/secreta/soplar/
decisión regente/pura/vínculo/
plural de soberano/dulce/medir/

día/aparece/quien/
sol/día/brillar/
gran león/tormenta/revelar/
plata/anillo/resplandeciente/
blancos/rizos/salir/
gozo/amanecer/Tigris/ir acá/allá/

Al trabajar con el poema *Nin-me-šar-ra* de Enheduanna a través de los años, he realizado intento tras intento; he fracasado y fracasado cada vez mejor. He sugerido que convendría darle una lectura feminista al examinar este texto. Es la obra de la primera mujer en la historia que firmó su obra—un acto considerado transgresivo en 2350 a.e.c., por lo menos cuatro mil años antes de que Kristeva y otras escritoras nos explicaran la naturaleza feminista de las subversiones textuales. Podríamos ver un verso del poema de Enheduanna como si viéramos un haz de imágenes y acciones, un montaje como las "pilas de palabras" de Gertrude Stein—un "pastiche" que exige fragmentación, explosión y re-interpretación. Cuando los posibles significados aparecen en capas, simultáneamente, una encima de la otra, se hacen visibles diversas capas del significado en este primer verso del texto.

alba sobre el Tigris

hermana secreta

ven aquí mide ve allá

gran león luz tormenta solar vínculo resplandeciente

gobernante con anillo de plata que apareces quien todo lo eres

sal dulce soberana sopla rizos blancos

acuña el día

éxtasis

La explosión del significado en esta "pila de palabras" difiere sustancialmente de la traducción académica de Hallo: "Señora de todos los me's (sic) luz resplandeciente."

El poema de Enheduanna nos hace recordar también la poesía de hipertexto, especialmente las capas de "grupos de frases formadas por súper-palabras" de Jim Rosenberg. En el hipertexto de Rosenberg, "existir es combinarse, yuxtaponerse, irradiar desde una capa, una de muchas capas." En su análisis de la poesía electrónica, Rosenberg dice que el poema electrónico "convierte una frase en súper-palabra, un grupo de frases en una ignición donde las resonancias parecerán moverse como se mueve una llama, aunque las palabras permanezcan fijas y no cambien." Rosenberg dice que sus imágenes se apilan "una encima de la otra (como) simultaneidades, así como el mundo está lleno de simultaneidades de vidas, de pensamientos, de deseos, de búsquedas y negaciones: la palabra no como acto solitario sino como partícula de un campo, autónoma, objeto en un campo donde existir es combinarse, yuxtaponerse, salir en forma radiada de una capa, de una de muchas capas...porque existir en un grupo atestado de circunstancias es la condición natural del existir."[7]

Examinado de esta manera, el verso cuneiforme evoca lo que Stephanie Stickland ha descrito como la calidad "incrustada" o "anidada" de la poesía de hipertexto.[8] La lectura del poema antiguo de Enheduanna a través de la pantalla del hipertexto ofrece una interpretación des-centrada, vuelta a centrar y extremadamente ambigua. La ambigüedad es esencial si queremos comprender lo que escribió la poeta sumeria cuando acuñó sus signos en la arcilla...porque los signos mismos, multivalentes y, en algunos casos, incrustados los unos en los otros, crean el poema.

---

7   Rosenberg, Jim. "Foldings, to the Chord Trellis Relate-Shape Draw, Notes for the Appearance of Diffractions through and The Barrier Frames." *Eastgate Quarterly Review of Hypertext*, 2(3), Verano, 1996.

8   Strickland, Stephanie. Charla dictada en Hamline University, St. Paul, MN, 10 de abril de 1997.

Éste es el "texto femenino" de la escritora sumeria, el cual, como dice Retallack, "reconoce y crea implícitamente la posibilidad de textos alternativos/adicionales/simultáneos."[9] Si asignamos valores alfabéticos y verbales fijos a determinadas pictografías, nos alejamos del poema de la escritora sumeria.

Los signos pictográficos en el poema de Enheduanna representan a personas y objetos; describen acciones; hasta expresan la añoranza y el deseo. Si nos detenemos a contemplarlos como si estuviéramos viendo una película, apreciaremos su poder. Es lo que he hecho al manejar el texto de Enheduanna, considerando el texto cuneiforme a la luz de lo que Adrian Miles ha llamado "el encanto de lo cinemático" en el hipertexto.[10] Cuando apliqué una lectura cinemática al texto cuneiforme, pude ver que estos signos eran más que una simple colección de propósitos e intenciones, más que sustantivos, verbos y marcadores gramaticales invisibles que yo podía mover y vincular los unos a los otros. Los significados inherentes en una sola pictografía ofrecen escenografía, actores, acciones e intenciones—lo suficiente para sugerir que cada signo podría leerse como una película filmada con la técnica de plano-secuencia.

Finalmente, he tomado en cuenta todos estos enfoques al aplicar a los signos cuneiformes de Enheduanna la estética del *jazz*, abriéndolos a la meditación y a la improvisación. Hejinian dice que la tarea de la poesía, el propósito del arte es "restaurar vivacidad a la vida....Debe devolver a lo conocido su aspecto excepcional, notable; debe transmutar lo conocido en lo desconocido." Desde su punto de vista, la lectora tiene delante de sí un texto original al cual se acerca tanto con comprensión como con recelo, reaccionando ante el texto original y ofreciendo "un texto alternativo."[11]

---

9   Retallack, Joan, citada en Page, "Women Writers and the Restive Text."

10   Miles, Adrian. Este ensayo apareció primero como "Cinematic paradigms for hypertext" en *Continuum: Journal of Media and Cultural Studies*, 13(2), julio 1999, pp. 217-226.

11   Hejinian, Lyn. *The Language of Inquiry*, pp. 301, 305.

Con el fin de ofrecer una alternativa lo más completa posible a
la traducción tradicional del texto de Enheduanna, he regresado a la
etapa anterior a la creación de las transliteraciones utilizadas por los
historiadores; he regresado a los signos cuneiformes propiamente dichos.
Cuando aprendía a descifrar los signos sumerios, apreciaba la habilidad de
mi profesor para leerlos con fluidez, traduciéndolos directamente al inglés.
Debido a que yo había leído el sumerio como poeta en vez de asirióloga,
carecía de la fluidez necesaria para la lectura a primera vista. Pero, a medida
que los estudiaba, me daba cuenta de que era necesario hacer mucho
más accesibles los signos y las intenciones de la poeta. Quería percibir
sus estructuras, reconocer sus rimas visuales, observar sus inversiones
y contar sus repeticiones. Afortunadamente, a cada signo sumerio se le
ha asignado un código numérico específico, un número reconocido por
estudiosos alrededor del mundo y recopilado en un glosario por Rene
LaBat.[12] Regresé a los signos y a los códigos asignados a ellos e hice otra
traducción, utilizando esta vez los códigos numéricos. Con el poema
transcrito numéricamente, podía leerlo con mayor fluidez; de hecho, podía
leer a primera vista los números y empezar a enfocar el texto. He aquí un
ejemplo de la manera en que la traducción numérica me ayudó a interpretar
el texto de Enheduanna: Al estudiar los números, pude percibir fácilmente
que Enheduanna utilizaba el signo número 172 repetidamente, hasta tres
veces en un solo verso. El signo número 172 es uno que los estudiosos
tradicionales han utilizado con más frecuencia como un marcador que
conlleva un significado gramatical pero que no denota persona, lugar,
objeto, acción o intención. Pero esta noción constituye solamente uno de
sus varios significados. El signo número 172 significa también *fuego* y al
percatarme de que la poeta insertaba fuego en su poema una y otra vez,
supe que ella deseaba que sus lectores percibieran el olor a humo.

En un borrador numérico completo del poema, he incluido todas
las interpretaciones encontradas en la variedad de copias descubiertas

---

12 LaBat, Rene. *Manuel D'Épigraphie Akkadienne.* (Paris: Librairie
Orientaliste Paul Geuthner, S.A. Nouvelle Edition, Revue et Corrigée, 1976).

hasta la fecha por los investigadores.[13] Lo siguiente es un breve ejemplo de algunos de los códigos numéricos asociados con el primer verso del poema *Nin-me-šar-ra* de Enheduanna:

Line 1

| 556 | 532 | 396 | 328 | 381 | 74X | 381 | 579 |

No tengo dificultad alguna para improvisar *riffs* musicales con los signos de Enheduanna al leerlos como códigos numéricos. Y esto me ha dado también una manera de manipular las "unidades respiratorias" o "inhalaciones mentales" de Enheduanna, como las llamaría Allen Ginsberg.[14] Henry Louis Gates describe la estética del *jazz* como una forma que "sugiere una estructura determinada precisamente al no coincidir con ella, o sea, que la sugiere ocultándola."[15] Repetir una fórmula y luego invertirla mediante un proceso de variación es una de las características esenciales del *jazz*. Otra de sus características consiste en reconocer una melodía existente en medio de su variación e inversión, la creación de algo nuevo a partir de lo ya existente, apropiándose de un lenguaje utilitario y malversándolo de manera contínua. En *Cantando los* Blues *(a boca cerrada)*, extiendo mi reconocimiento a traducciones aceptadas, creadas en transliteraciones silábicas y limitadas por interpretaciones tradicionales de un solo significado. Al mismo tiempo, varío, invierto e improviso directamente los signos de Enheduanna. La aplicación de la estética del *jazz* me ha permitido retrotraer mi

---

13   Traducción numérica inédita, creada por Cass Dalglish en base a textos sumerios de *Nin-me-šar-ra*.

14   Allen Ginsberg, citado en Gennari, John. "Jazz Criticism: Its Development and Ideologies," *Black American Literature Forum*, 01486179, 25(3), Otoño de 1991, Academic Search Premier.

15   Henry Louis Gates, citado en Harris, William J. *The Poetry and Poetics of Amiri Baraka: The Jazz Aesthetic*. (Columbia: University of Missouri Press, 1985), p. 15.

interpretación con el fin de volver a examinar el texto a través de lentes hipertextuales feministas, cinemáticos, transgresistas y subversivos para apropiarme del lenguaje y malversarlo al crear un poema nuevo basado en el poema ya existente.

El jazz, según John Gennari, es una forma que disiente de la "tiranía logocéntrica del inglés estándar [y] se abstiene de una letra referencial, prefiriendo el sonido vocalizado," creando unidades de significado, mensajes versificados, pasajes de *scat* "cuyo significado consiste en su propio sonido."[16] El poema titulado *"It's Nation Time"* de Amiri Baraka ofrece un pasaje de *scat* cuyo significado consiste en su propio sonido.[17]

Bum

Bum

Bum

Bum

Dadadadadadadadadada

Bum

Como dice Gennari, el jazz es un "progenitor de formas nuevas, un inventor de idiomas nuevos, un creador de maneras nuevas de expresar significados." Esto es así porque "la semántica del jazz depende del proceso, el jazz genera significados nuevos con cada interpretación."[18]

Lo anterior posiblemente se aproxima mucho a lo que encontraron los primeros lectores de Enheduanna cada vez que se convertían en "participantes activos" en un "proceso textual

---

16 Gennari, John. "Jazz Criticism: Its Development and Ideologies," *Black American Literature Forum*, 01486179, 25(3), Otoño de 1991, Academic Search Premier.

17 El poema aparece en Harris, William J. *The Poetry and Poetics of Amiri Baraka: The Jazz Aesthetic*. (Columbia: University of Missouri Press, 1985).

18 Gennari, John. "Jazz Criticism: Its Development and Ideologies," *Black American Literature Forum*, 01486179, 25(3), Otoño de 1991, Academic Search Premier.

sostenido," tomando en cuenta los significados múltiples del verso cuneiforme y haciendo el tipo de "elección creativa en el punto de la producción" que hacía Satchmo, en lo que coincidentalmente Gennari ha llamado su "Ur-scat."

En mis improvisaciones sobre los signos que Enheduanna imprimió en arcilla hace cuatro mil años, he incluido pasajes de ur-scat, unidades silábicas transliteradas en forma tradicional, sonidos en este caso, las cuales nos ofrecen sus propios significados. No son fonéticos. No tenemos la menor idea de los sonidos de este idioma.

Sólo nos queda la posibilidad de improvisar, como lo hago libremente en *Cantando los Blues (a boca cerrada)*, ofreciendo un conjunto de versos nuevos en un idioma nuevo, inspirada por el poema *Nin-me-šar-ra* de Enheduanna.

Cass Dalglish

Humming the Blues

Cantando los Blues
(a boca cerrada)

Sister

sometimes I think I ought to call you the Queen of the
May—the way you toss light, like yellow dandelions out of
a basket, here and there; or maybe I should call you god, the
way you've wrapped the laws of heaven and earth around
your waist like a belt, the way you skim over chaos like a
quicksilver river. But I call you Sister because you're like the
rest of us, opening like a pale morning, swelling like a storm,
clutching the torch of longing to your breast until you feel
life at your throat, until you're all dressed up in flames. Sweet
Sister, you know it all. A woman's desire is deep, and you're
the measure of it.

Hermana

a veces me parece que debiera llamarte Reina de la Primavera,
por tu manera de esparcir luz amarilla aquí y allá como
dientes de león sacados de un canasto; o quizás debiera
llamarte dios por la forma en que te has envuelto la cintura
con las leyes del cielo y de la tierra, la forma en que te deslizas
sobre el caos como un río de azogue. Pero te llamo Hermana
porque eres como nosotras, abriéndote como una mañana
pálida, hinchándote como una tormenta, apretando contra tu
pecho la antorcha del deseo hasta sentir la vida en la garganta,
hasta quedar engalanada por las llamas. Dulce Hermana, tú lo
sabes todo. El deseo de una mujer es profundo y tú le das su
talla.

You're not a trophy

not some kind of ornament, a decoration for the sky—you're
the priest, you're the healer, you're the wild god who turns
her ear toward heaven, who digs her feet into the earth,
who whispers in the wind. Inanna, when I look at you I see
a prophet with love and truth blazing from her crown, I
see a figure glowing in the light—pure and simple and
dangerous. I see now, Inanna, you're on fire.

No eres ningún trofeo

ningún tipo de adorno ni ornamento del cielo. Eres sacerdote,
curandera, dios indomable que escucha al cielo, clava los pies
en la tierra, susurra en el viento. Inanna, cuando te miro,
veo a una profeta cuya corona lanza llamaradas de amor y de
verdad, veo a una figura que brilla en la luz—pura y sencilla y
peligrosa. Ahora entiendo, Inanna, que ardes.

And when you squat

with your weaving, twisting and untwisting the threads of
life, you harvest spirit, you reap breath, you cradle souls at
your breast, you let the flaws unravel. Your hands speak in
metaphor; they reach, they tell stories, they reach again, they
want it all, and there you are, counting, counting to seven,
counting all there is—hours, days, every moment squeezed
in your fist, chained to your wrist bones, the universe tied by
silky cords to your mask.

Y cuando te acuclillas

para tejer, atando y desatando las hebras de la vida, cultivas
espíritu, cosechas ánimo, acunas almas en tu pecho, dejas
desenmarañarse los defectos. Tus manos hablan en metáforas;
se extienden, cuentan historias, vuelven a extenderse,
lo desean todo y allí estás tú, contando, contando hasta
siete, contándolo todo—horas, días, con cada momento
aprisionado en tus puños, encadenado a los huesos de tu
muñeca, el universo atado con cordeles de seda a tu máscara.

And when you climb

back into the mountains, when your feet pound the hills like thunder, you walk with the feet of a dragon— *ishkur-gim, ushumgal-gim*. Your drumming saps the rose of its scent and barley shivers at your sound—*ishkur-gim, ushumgal-gim*. The land withers under your step but your drumming hides all the secrets—*ishkur-gim, ushumgal-gim*. You're riding the rapture, Inanna, mounting the fire—*ishkur-gim, ushumgal-gim*. On earth and in heaven, you're a hero. Inanna, you move with the power of the gods. You're the wild one, Inanna, the strong one. Is this how you give us life?

Cuando vuelves a caminar

montaña arriba, cuando tus pisadas golpean las colinas como truenos, caminas con los pies de un dragón—*ishkur-gim, ushumgal-gim*. El redoble de tu tambor deja las rosas sin fragancia y el sonido hace temblar la cebada—*ishkur-gim, ushumgal-gim*. Bajo tus pisadas la tierra se agosta pero el redoble de tu tambor oculta todos los secretos—*ishkur-gim, ushumgal-gim*. Cabalgas sobre el éxtasis, Inanna, montada sobre el fuego—*ishkur-gim, ushumgal-gim*. En la tierra como en el cielo, eres héroe, Inanna, te mueves con el poder de los dioses. Eres la salvaje, Inanna, la fuerte. ¿Es así cómo nos das vida?

Nobody, not the gods

in heaven, absolutely no one would try to hide you behind
the windows of the night because your howl is the law—*ahh,
ooh, ahh*. Your sweat is the oil of gods. You swoop down,
riding wild dogs, riding the head wild dog. You drench
yourself in the resin of being, you feed on rituals, you breathe
out your swampy red heat until the night sky weeps your
flames, spits your fire, and confesses you're there. And then...
you and your pack come rushing down the mountain like
troops. You pound down the hill like a deluge—*ishkur-gim,
ushumgal-gim, ishkur-gim, ushumgal-gim*. You flood the valley
with your storm—*ishkur-gim, ushumgal-gim, ishkur-gim,
ushumgal-gim*.

Nadie, ni siquiera los dioses

que están en el cielo, nadie en lo absoluto intentaría
esconderte tras las ventanas de la noche porque tu aullido es
ley—*aah, ooh, aah*. Tu sudor es el aceite de los dioses. Bajas
veloz, cabalgas con perros salvajes, montada sobre el perro
alfa. Te saturas con la resina del existir, te alimentas de ritos,
exhalas un calor rojizo y cenagoso hasta que el cielo nocturnal
llora derramando tus llamas, escupe tu fuego y confiesa tu
presencia. Y luego...con tu jauría desciendes corriendo en
tropel por las montañas. Vienes cuesta abajo retumbando
como un diluvio—*ishkur-gim, ushumgal-gim, ishkur-gim,*
ushumgal-gim. Aniegas el valle con tu tormenta—*ishkur-gim,*
ushumgal-gim, ishkur-gim, ushumgal-gim.

Wait a minute, break the code

let's have plain talk. The people sway like trees in a torrent, drowning in the great noise at the edge of your bending stream. Your rivers hold watery wisdom, but tell us how to control your floods. Sister. You've got the secret words, so sing them for us. Who's wise? Who can say the forbidden? Who can open the secrets of an hour? Who's tasted the end and the endless? You're the word, secret word. Sing the word.

Aguarda, descifra el código

hablemos en claro. La gente se estremece como los árboles
bajo una lluvia torrencial, ahogándose en el estruendo a la
orilla de tu sinuoso río. Tus ríos llevan una sabiduría líquida,
pero dinos cómo hacer para controlar tus crecidas. Hermana,
tú posees las palabras secretas, cántalas para nosotras. ¿Quién
es sabia? ¿Quién puede expresar lo prohibido? ¿Quién puede
abrir los secretos de una hora? ¿Quién ha probado lo finito
y lo infinito? Tú eres la palabra, la palabra secreta. Canta la
palabra.

Now you ride

over the land like a wild, impetuous creature until the light
at the center of the storm gives you wings. And then you fly
to the left, and then you fly to the right of longing. You fan
desire until the god of winds blows you a braid of roses for the
grassy cloisters of the night. I see you now, flying, small and
shining, over the moon, wings flapping, drums beating, wind
to this side, wind to that side. Your boat of heaven moves
across the sky over and over again. Thirty times. You're the
law. But the flight is ending now, Sister, it's time to measure
your path to the deep. The earth bows and curves its grasses
so that you can enter, so that you can take the other way
around. You whisper your name, write it in the ashes. You do
not sleep.

Ahora, cabalgas

por la tierra como una criatura salvaje, impetuosa, hasta que la
luz al centro de la tormenta te da alas. Y entonces vuelas hacia
la izquierda y luego vuelas al lado derecho de la añoranza.
Avivas el deseo hasta que el dios de los vientos te sopla rosas
trenzadas para los herbazales enclaustrados de la noche. Te
veo ahora, volando pequeña y luminosa sobre la luna, alas
al viento, al repicar de tambores, viento de un lado, viento
de otro lado. Tu barca divina cruza el cielo una y otra vez.
Treinta veces. Eres la ley. Pero el vuelo termina, Hermana, es
hora de medir tu sendero hacia lo hondo. La tierra se inclina y
aparta sus hierbas para darte paso, para que puedas tomar otro
camino. Pronuncias tu nombre como un susurro, lo escribes
en las cenizas. No duermes.

A night bird flies

here and there, and I listen to your spells as they blow out of the terrible silence over sacred harps, as chance shimmers in the moist warm wind, as possibility stirs human souls and thickens them in the cream of your radiance. Harmony spirals in the air and you wrap its pure spirit in light, fold its treasure in your heat, dress it in your red gown.

Un ave nocturna vuela

acá y allá. Oigo soplar tus hechizos desde el silencio terrible
sobre arpas sagradas, mientras el azar destella en la brisa cálida
y húmeda, mientras lo posible despierta las almas humanas
y las vuelve espesas en la crema de tu resplandor. La armonía
lanza espirales al aire y tú envuelves en luz su espíritu puro,
incorporas su tesoro en tu calor, la vistes con tu traje rojo.

You're the great woman

stretching red cloth like a funeral bier and I grasp it in my
hand. When you begin the lament, I pluck my harp and soak
myself in tears, even though the watery way around will be
my downfall and I will have my share of the white plaster of
death. This path breaks away from time and leads to the hour
of loss in the house of heroes, the house of mourning, the
house of abundant misery where water pours from a broken
cup and a draft blows rose petals through windows covered
with barbed wire.

Tú eres la gran mujer

que extiende el lienzo rojo como mortaja y yo lo agarro con
mi mano. Cuando inicias el lamento, toco mi arpa y quedo
anegada en lágrimas, a pesar de que el desvío por agua será
mi perdición y me tocará una buena parte del yeso blanco
de la muerte. Este desvío se separa del tiempo y nos conduce
hacia la hora de la pérdida en la casa de los héroes, la casa del
luto, la casa de abundante miseria donde el agua se derrama
de una taza rota y una ráfaga de aire sopla pétalos de rosa por
ventanas cubiertas con alambre de púas.

You've got an eye for trouble

Inanna, you've braided danger into your hair and you make
it look glamorous—right up to the moment when you open
the floodgates of hell, right up to the moment when you
steep yourself in death. And then, my Sister, you fly around
in all four directions, like a bird flapping its wings in a violent
wind—north, south, east, west. Will you swoop down to
peck away at the treasure in my bones or will you pause to
sing your lament? Listen, your perfect song whips up the
storm, *u-du-du-da, i-du-du-de*. Your horns tumble stars from
the sky: *u-du-du-gim, i-du-du-den*. Your brilliant voice melts
two suns and a full moon and drops them onto the earth like
fine oil, *u-du-du-gim, i-du-du-de-en, u-du-du-da, i-du-du-de*.

Tienes buen ojo para los líos

Inanna, has trenzado el peligro en tu cabello y les das un aire glamoroso—justo hasta el momento en que abres las compuertas del infierno, hasta el momento mismo en que te sumes en la muerte. Y entonces, Hermana mía, como un ave que bate sus alas en un viento violento, vuelas—hacia el norte, el sur, el este, el oeste. ¿Bajarás a picotear el tesoro guardado en mis huesos, o harás una pausa para entonar tu lamento? Escucha, tu cántico perfecto aviva la tormenta, *u-du-du-da, i-du-du-de.* Tus cuernos tumban estrellas del cielo, *u-du-du-gim, idu-du-du-en.* El brillo de tu voz derrite dos soles y una luna llena y los deja caer gota a gota sobre la tierra como aceite fino, *u-du-du-gim, idu-du-de-en, u-du-du-da, i-du-du-de.*

You play the evening rain

like a sacred harp plucking sighs, striking close, weeping for
the heroes. It's you in the roar of the storm, your thunder
echoing from every corner, you flooding over the people,
soaking them in the earth. You open a pocket for air, then
you fill the people's gasps with rain. And this storm is no
quick bath; the land will be mud; the soil will be worm eaten.
And then you'll lift your restless feet and slip back into the
sky with the troubled breezes. You'll share their impatience;
you'll fly here and there with the furious and splendid winds
until your storm has conquered everything, until—like a
singer humming the blues—you moan twice, quietly at first,
as though your voice were shackled, then loud and brilliant,
tinged with the sound of horns, filled half with laughter, half
with sorrow.

Tocas como un arpa sagrada

la lluvia del atardecer punteando suspiros, rasgueándola
de cerca, llorando a los héroes. Eres tú en el bramido de la
tormenta, son tuyos los truenos que retumban por doquier,
tuyas las inundaciones que aniegan a la gente, empapándolas
en la tierra. Abres una bolsa para el aire y luego llenas el jadeo
de la gente con lluvia. Y esta tormenta no es un chubasco;
la tierra se convertirá en un lodazal consumido por gusanos.
Y entonces, levantarás tus pies inquietos para deslizarte otra
vez hacia el cielo con las brisas agitadas. Compartirás su
impaciencia; volarás de un lado a otro con vientos furiosos y
espléndidos hasta que tu tormenta lo haya conquistado todo,
hasta que—como quien canta los blues a boca cerrada—
gimes dos veces, calladamente al principio, como con la voz
encadenada, y después a voz en cuello y brillante, con matices
de trompeta, mitad risa, mitad llanto.

My Sister, my icy Sister

my stone-cold Sister. even the gods of terror, the gods who
gag us with fear take the long way around you. They won't
come near the angry water of your eyes, your howling face
in a scarlet cloth. They hide from your enormity; they won't
approach your blood-stained face, the wild tint of your angry
head. They hear your perfect sound and dart around like bats.
They leave tracks as they flee to the cave. Skin fluttering, they
enter the sweet heat of the hill.

Hermana mía, mi Hermana helada

mi Hermana gélida, aun los dioses del terror, los dioses que nos asustan hasta causarnos náuseas, toman el camino más largo para evitar tu encuentro. No se acercarán por nada a las embravecidas aguas de tus ojos, a tu rostro huracanado envuelto en un lienzo rojo. Se esconden de tu enormidad, se alejan de tu rostro sangriento, del tinte salvaje de tu airada cabeza. Al oír tu sonido perfecto, salen disparados como murciélagos. Dejan huellas al huir rumbo a la cueva. Con piel trepidante ingresan al dulce calor de la colina.

Now you wrap your heart

in evening's scarlet sashes and offer yourself to your people
who trudge on caterpillar feet beneath your frail stillness. But
who can store this moment of passing grace? Who can hold
onto a modest calm offered by a god who is so good at being
reckless? Is there a stranger from the other world, some artist
who can fashion a talisman, some magician who can offer you
a soothing brew? Sister, you're the one who comes from the
place of palm trees and sweet melons. You're the one with the
garden full of saffron and fragrant oils. Sister, you're the one
who knows the mysteries birds whisper in the grasses, the one
who can quiet shattered souls. You're a child of the heavens, a
daughter of the moon, and yet you wrap yourself up in scraps
of passion and spin angrily through the hills—and the breaks
in your fury are brief and rare. Who can imagine appeasing
you?

Ahora, envuelves tu corazón

en las franjas escarlatas de la tarde y te entregas a tu gente
que camina cansada con patas de oruga por debajo de tu
frágil quietud. Pero ¿quién puede conservar este momento de
transitoria gracia? ¿Quién puede prolongar la calma moderada
ofrecida por un dios con tanto talento para la imprudencia?
¿Existirá algún extraño de otro mundo, algún artista capaz
de crear un talismán, alguien con poderes mágicos que pueda
ofrecerte una infusión calmante? Hermana, eres tú quien
proviene del lugar de palmeras y melones dulces. Eres tú
quien posee un jardín lleno de azafrán y aceites aromáticos.
Hermana, eres tú quien conoce los misterios que los pajaritos
murmuran entre las hierbas, tú quien puede tranquilizar a las
almas destrozadas. Eres hija de los cielos, de la luna, y aun
así te cubres con retazos de pasión y vuelas iracunda entre las
colinas, y las interrupciones entre tus achaques de furia son
breves y raras. ¿A quién se le ocurre tratar de calmarte?

Your voice is the voice

of the mountain, the song of crevices in the hill, the prayer
of water embracing the bank. There's no ignoring you, no
running away from the soil that turns rose-colored under
your rain, no saying "No" to you. You're supreme over this
land and the heavens. But the other world is separate and
taboo and nobody expected you at the gates of hell. They
treated you like a foreigner, so you broke down the doors,
you splintered the enormous gates into dust that dripped into
the river with the rain and disappeared behind the shadow of
shadows. Inside, a blacksmith cast a scene that looked like the
land of the dead. Did you invite him to carry you through the
gaps in the grass to his reservoir of rusty water? Did you drink
from that pool? Inanna, is our memory of your journey a gift,
or will it lead us on a path to a steamy grave at the mouth of a
river full of blood?

Tu voz es la voz

de la montaña, el canto de las grietas en la colina, la plegaria
del agua que abraza la orilla. Es imposible hacerte caso omiso,
escaparnos de la tierra que bajo tu lluvia se vuelve color de
rosa, sin poder decirte "No." Reinas con autoridad suprema
en esta tierra y en los cielos. Pero el otro mundo es cosa aparte
y tabú, y nadie esperaba verte en las puertas del infierno. Te
trataron como forastera y por eso echaste las puertas abajo,
hiciste añicos los portales inmensos; y el polvo que quedó se
escurrió hacia el río con la lluvia y desapareció tras la sombra
de las sombras. Adentro, un herrero fraguó una escena
parecida a la tierra de los muertos. ¿Le invitaste a que te
llevara en brazos por entre los espacios vacíos en la grama
hasta su depósito de aguas herrumbrosas? ¿Bebiste de ese
charco? Inanna, ¿es nuestro recuerdo de tu viaje un regalo? ¿O
nos conducirá por un sendero hacia una sepultura calurosa y
húmeda en la desembocadura de un río de sangre?

You scattered your story

in the rushes, tossed power and beauty like cinders in the
wind. And the others, the handmaids of hell, they were
fluttering around you, here and there following you into the
void. You had yourself all tied up in a glamorous and brilliant
idea, and as you spoke, your voice sounded high and airy, like
someone laughing far away. You were drinking in the sweet
thick taste of juniper, the honeyed nectar of death. And I
thought to myself, Inanna if this is the end, who will dance
with the god of the moon? Strong women and bold men and
heroes and radicals and loners and painters and dancers and
poets were drawn to you; they tied themselves to echoes of
your splendor, but the roses they carried were dropping their
petals, the songs they sang were swallowed up by the void
because your heart's treasure was being looted in the abyss,
and the end was the only sign anyone could see.

Esparciste tu historia

entre los juncos, arrojaste tu poder y tu hermosura como
cenizas al viento. Y las otras, las siervas del infierno,
revoloteaban a tu alrededor, aquí y allá, siguiéndote hacia el
vacío. Te viste enmarañada por una idea brillante y glamorosa,
y cuando hablabas, tu voz era aguda y etérea, como la de
alguien que ríe en la lejanía. Embebías el sabor dulce y
espeso del enebro, el néctar meloso de la muerte. Y yo me
preguntaba, Inanna, si hemos llegado al final, ¿quién bailará
con el dios de la luna? Tú cautivaste a mujeres fuertes, a
hombres audaces, a héroes, a radicales, a solitarios, a pintores,
a bailarines y poetas; embelesados, se ataron a los ecos de tu
esplendor, pero las rosas que traían perdían sus pétalos, los
cantos que entonaban caían al vacío porque el tesoro de tu
corazón se saqueaba en el abismo y el final era la única señal
que podía vislumbrarse.

And while the gates of hell

were open, while wind and water went unmeasured, storms
and floods spilled out on the earth. Reverence between a
woman and a man was dampened by the rain and covered
by grass and mud. Outside, the wind was cold. Deep inside,
the wind laughed and moaned. Inanna, were you whispering
to the people? Could your sighs protect their souls from
hell? In the city, dance clubs looked like funeral parlors. Is
someone still alive in there? The strong, the bold, and the
young swarmed out through windows and swam along to the
music of their ancestors, feeling the cords that always carried
mother/father/power, but this time they spilled their hopeful
energy as though they were pouring water from pottery jars,
and soon they were exhausted. Heavy air chased them; they
hurried along in search of a breathing space, and in the end
they were scattered.

Y mientras las puertas del infierno

estaban abiertas, mientras viento y agua quedaban sin medir, tormentas y diluvios azotaban la tierra. La reverencia entre mujer y hombre fue sofocada por la lluvia y cubierta de hierbas y lodo. Afuera, el viento era frío. Muy adentro, el viento reía y gemía. Inanna, ¿le hablabas susurrando a tu gente? ¿Pudieron tus suspiros proteger sus almas del infierno? En la ciudad, los clubes de baile parecían salas funerarias. ¿Sigue alguien con vida ahí dentro? Los fuertes, los audaces y los jóvenes salían en tropel por las ventanas para nadar al compás de la música de sus ancestros, sintiendo las cuerdas que llevaban siempre consigo madre/padre/poder, pero esta vez derramaban su esperanzada energía como si vertieran agua de jarros de arcilla, y pronto se agotaron. Les acosaba un aire espeso; corrían buscando dónde respirar y al final fueron dispersados.

The story goes

that when you were in that mountain, when you were in that other world, the rules of the universe were tossed into the weeds and your people were circling around in the drizzle and the ashes, unable to pray. You swaggered into the abyss drinking in the rain of all rains, drinking fire as though it were your own private brew. And in your holy outrage you polished off your crystal cup of ruin and turned around, listening for the sound of your name, expecting to hear songs about the brilliance of your mother, the glory of your father, the splendor of the moon that glowed in the sky as you were born.

Según cuenta la historia

cuando andabas por esa montaña, cuando estabas en ese otro
mundo, las reglas del universo se arrojaron entre las malezas y
tu gente caminaba en círculos bajo la llovizna y las cenizas sin
poder rezar. Con arrogancia entraste en el abismo bebiendo
la lluvia de todas las lluvias, bebiendo fuego como si fuera tu
propia infusión. Y en tu santa indignación, consumiste hasta
la última gota de ruina en tu copa de cristal y diste una vuelta
esperando oír el sonido de tu nombre, escuchar cánticos de
elogio sobre la brillantez de tu madre, la gloria de tu padre, el
esplendor de la luna que brillaba en el firmamento mientras
tú nacías.

But no one beat the drums

for you in that other world; no one knew your song there;
no one spoke of the abundance of your charm. Instead you
heard the moan of all moans, the sigh of all sighs. In that
steamy place deep inside the earth, all sounds were bent into
echoes. A mumble here, a mutter there, again and again, every
murmur bounced back on itself until every call became its
own soft answer; every song became an antiphon. *Ahh-Ahh…
Ooh-Ooh…Ahh-Ahh…Ooh-Ooh…*

Pero nadie tocaba tambores

para rendirte honor en ese otro mundo; allí nadie conocía tu cántico; nadie hablaba de la abundancia de tus encantos. Al contrario, oías el gemido de todos los gemidos y el suspiro de todos los suspiros. En ese lugar tórrido dentro de las entrañas de la tierra, todos los sonidos se retorcían en ecos. Un mascullido aquí y un gruñido allá, una y otra vez, cada murmullo rebotaba hasta que cada llamada se convertía en su propia respuesta tenue y cada cántico en antífona. *Aah-Aah... Ooh-Ooh...Aah-Aah...Ooh-Ooh.*

They closed the gates

around you deep inside the earth; they tied your life to the wall and laid your treasure out like rich red wool. And as your life ebbed, the leafy trees outside lost their perfume, the fish in the river lost their scent. When the women leaned out of their windows hoping for a sip of fresh air, loneliness was all that dripped from the sky. And they lost their desire to taste sweet fruit, to drink cool milk, to walk with their men in the fields of roses, to lie down with their men in the tall grasses. And even in the pure black darkness of night, even in private rooms where sweet perfumes insisted that life would go on, even there, flowers folded shut on themselves as lovers forgot the riches they had locked inside their hearts. They could not reveal their passions, whether sacred or profane. They could not awaken one another. And instead of offering tenderness, they whispered, "What's it to me? What's it to you? What do we care?"

Cerraron las puertas

a tu alrededor en las profundidades de la tierra; ataron tu vida a la pared y desplegaron tu tesoro como una rica lana roja. Y a medida que se te acababa la vida, los árboles frondosos de afuera perdían su perfume, los peces del río perdían su esencia. Cuando las mujeres se apoyaban en las ventanas en busca de un sorbito de aire fresco, la soledad era todo lo que goteaba del cielo. Y ellas perdieron el deseo de saborear fruta dulce, tomar leche fresca, caminar con sus hombres entre los rosales, acostarse con ellos en los altos herbazales. Y aun en la oscuridad más profunda y negra de la noche, aun en las habitaciones privadas donde suaves perfumes insistían en declarar que la vida seguiría—aun allí, las flores recogían y guardaban sus pétalos mientras los amantes olvidaban las riquezas encerradas en sus corazones. No lograban revelar sus pasiones, ni las sagradas ni las profanas. No lograban despertarse los unos a los otros. Y en vez de ofrecerse ternuras, murmuraban "¿Qué más me da? Y a ti, ¿qué más te da? ¿Qué nos importa?"

My Sister, where are you?

I thought I saw you late last night running like a wild woman with too many legs, streaking across the air, striking at the sky, painting figures on the night as though the heavens were walls in your cave—a lion, an ibex, an owl, seven tiny deer, three bulls chasing a herd of yellow horses and a young albino buffalo running the other way. On midnight's ceiling you used ochre to paint the mothers of Rhea, Hathor, and all the sacred cows jumping over the moon. While rain spilled their red milk onto the earth, winds carried our dismal chants, lifting our howling voices and letting them drop, but nothing was enough. Sister, where are you?

Hermana mía, ¿dónde estás?

Anoche me pareció haberte visto corriendo como una loca con demasiadas piernas, pasando como un rayo, golpeando el cielo, pintando figuras sobre la noche como si los cielos fueran las paredes de tu cueva—un león, un íbice, una lechuza, siete ciervos diminutos, tres toros que correteaban una manada de seis caballos amarillos y un búfalo albino joven, todos corriendo en el sentido opuesto. En el techado de la medianoche, utilizaste ocre para pintar las madres de Rea, Hathor y todas las vacas sagradas que saltaban sobre la luna. Mientras la lluvia derramaba su leche roja sobre el suelo, los vientos transportaban nuestros cantos sombríos, alzando nuestras voces en un aullido y callándonos después, pero todo fue en vano. Hermana, ¿dónde estás?

You had ten secrets

ten sacred mysteries, ten fountains of wisdom, and you changed them all into shiny beads and strung them around your waist, letting our lives dangle as you danced too close to the flame. Sister, Sister, you know everything, you rule everywhere, you can still climb the banks of the river of fire, crawl over mounds of ash and come back to us from the smoldering swamps of that other world.

Tenías diez secretos

diez misterios sagrados, diez manantiales de sabiduría, y los
convertiste todos en cuentitas relucientes y te los colgaste de la
cintura, dejando pendientes nuestras vidas mientras bailabas
muy cerca de la llama. Hermana, Hermana, tú todo lo sabes,
reinas por doquier, puedes todavía remontar las orillas del río
de fuego, arrastrarte sobre montículos de ceniza y retornar a
nosotros desde las ciénagas humeantes de ese otro mundo.

Your mother earth is moaning

covered in sweat, struggling to give life to you again. Her tears
are the water of life; her cries are the words of life. Sweet
Sister, listen. It's the hour of mystery. It's time. Push your way
through to us again. You know everything, you see everything.
You're the one who needs to breathe, but you're waiting for us
to sing the perfect song, to share the prophets' wisdom, to use
the power of speech. You're dancing on the line between life
and death, but Sister-Mother-Father, this is not suicide, it's
rebirth. Let your breast lift and fall. Life is braided into your
hair, let it hang heavy on your shoulders, like music falling
from the strings of a harp. It's time for you to leave the other
world. This is the hour of your brilliance, Sister. No one has
ever come back from the land of the dead, and yours will be
no ordinary resurrection.

La tierra, tu madre, gime

bañada en sudor, luchando por volver a darte vida. Sus lágrimas son el agua de la vida; su llanto, las palabras de la vida. Dulce Hermana, escucha. Es la hora del misterio. Es hora. Empuja. Ábrete camino otra vez entre nosotras. Tú todo lo sabes, todo lo ves. Eres tú la que necesitas respirar, pero esperas a que nosotras cantemos el cántico perfecto, compartamos la sabiduría de los profetas, utilicemos el poder del habla. Bailas al borde de la vida con la muerte; pero, Hermana-Madre-Padre, esto no es un suicidio, es un renacer. Deja que tus senos suban y bajen. La vida está entrelazada en tus cabellos; déjala caer sobre tus espaldas como la música cae de las cuerdas de un arpa. Es hora de que salgas del otro mundo. Ha llegado la hora de tu brillantez, Hermana. Nadie ha regresado, nunca, de la tierra de los muertos, y tu resurrección nada tendrá de ordinario.

Lean into the dream

I say to myself, listen, and then I hear an eerie wine. A squeak.
A squeal. A screech. An untuned scream, that careens into
my body and squeezes my lungs like an airbag until my voice
erupts in wild cacophony. I bend and sway, but these howls
keep rushing out of me. Then some secret wisdom sealed in
a shaft of forgetfulness bursts back into my memory, and I
hear you say, "Yes, it's time." You say you have control of my
voice, and you want me to do a solo, so you move me out of
the noise and into a quiet room where people can hear the
number. And I begin to hum, to murmur, to whisper...*Sha-
shu-rah... Sha-shu-rah...*and for a moment I sound like breeze
is blowing through cypress trees, like rainwater slipping over
lapis blue stones. *Sha-shu-rah...Sha-shu-rah...*

Abrázate al sueño

escucha, me digo, y entonces oigo un quejido inquietante.
Un chirrido. Un silbido. Un alarido desentonado que me
atropella y me aprieta los pulmones como fuelles hasta hacer
estallar mi voz en una cacofonía salvaje. Me retuerzo, me
bamboleo, pero estos aullidos siguen saliendo disparados de
mi boca. Entonces, una sabiduría secreta sellada en el foso del
olvido estalla de nuevo en mi memoria y te oigo decir: "Sí,
es hora." Me dices que controlas mi voz y que quieres que yo
cante sola; por eso, me apartas del ruido y me llevas a un salón
tranquilo donde la gente pueda escucharme cantar. Comienzo
a cantar a boca cerrada, a murmullar, a susurrar… *Sha-shu-
rah…Sha-shu-rah…*y por unos instantes mi voz suena como
la brisa entre los cipreses, como lluvia que se desliza sobre
piedras de lapislázuli. *Sha-shu-rah…Sha-shu-rah…*

I read the lines

of your text, I repeat the list of your names. Sister, *Sha-zal-zal*...you're more brilliant than two suns swirling in the sky. I recite a list of your wonders, so the people will remember your wisdom. *Sal-zi-sha-zal-zal*...There's no doubt about it. You raise your arms like wings, and your wishes fly out between my trembling lips like prayers escaping from the sweet, long grasses. *Sal-zi-sha-zal-zal...sha-shu-shur-ah...*

Leo los versos

de tu texto, repito la lista de tus nombres. Hermana, *Sha-zal-zal*...eres más brillante que dos soles que giran en el firmamento. Recito la lista de tus maravillas para que la gente recuerde tu sabiduría. *Sal-zi-sha-zal-zal*...No cabe duda. Levantas tus brazos como alas y tus deseos salen volando de mis labios trémulos como oraciones que se escapan de entre briznas de hierba largas y dulces. *Sal-zi-sha-zal-zal*...*sha-shu-shur-ah*...

I'm the instrument

playing your mystical songs. I'm the priest chanting your holy words. I, Enheduanna, the poet who writes this verse for you. I hold onto your words like treasure, I wear your words like precious stones. And when I cup them in my hands, they're weightless, like petals from a dry rose, so I blow them to the north, south, east, and west...And from my room high above the city, your song drifts to people everywhere.

Soy el instrumento

en que se tocan tus cantos místicos. Soy el sacerdote que
entona tus santas palabras. Yo, Enheduanna, la poeta que
escribe estos versos para ti. Guardo tus palabras como un
tesoro, hago que tus palabras me adornen como piedras
preciosas. Y cuando las sostengo entre mis manos, son
ingrávidas como los pétalos secos de una rosa, así que las soplo
hacia el norte, el sur, el este y el oeste...y desde la altura de mi
habitación sobre la ciudad, tu cántico se esparce flotando por
doquier hacia la gente.

Then the music ends

and I'm left alone in the dark, whispering my songs like a bird in the night. I'm Enheduanna. I'm your priest. I'm your poet, but tell me, Inanna, am I sacred or am I taboo? I've fallen into the hands of shadows, and as a smoldering south wind blows cinders through the strings of my harp, smoky shapes rub dust on my cheeks and cover my mouth, my song, my wild honey blessings. I try to call to you, "Where is my voice?" But my mouth tangles your chants, it twists your blessings. I try again, "Sister, do I pray? Sister, do I surrender? Where is my voice? Where are my sweet words, the happiness I had in the mountain crocus? My saffron satisfaction?"

Entonces la música llega a su final

y quedo sola en la oscuridad, canturreando como un ave
nocturna. Soy Enheduanna, soy tu sacerdote, soy tu poeta.
Pero dime, Inanna: ¿Soy sagrada, o soy tabú? He caído en
manos de las sombras y mientras el viento del sur sopla
incandescente a través de las cuerdas de mi arpa, figuras
humeantes frotan mis mejillas con cenizas y cubren mi
boca, mi cantar y mis bendiciones de miel silvestre. Trato
de llamarte: "¿Dónde está mi voz?" Pero mi boca enreda
tus cánticos y retuerce tus bendiciones. Hago otro intento:
"Hermana, ¿debo rezar? Hermana, ¿debo rendirme? ¿Dónde
están mi voz, mis dulces palabras, la felicidad que encontré
en el azafrán serrano, mi satisfacción azafranada?"

Mountain waters

turn to ash, the crocus is pounded into yellow sand, and you
leave me squatting in the dust. My pleasures crumble into
gravel, my sweet words are pests on my lips. Be wakeful, I say
to myself, sit up. When the boat of heaven sales, it's covered
in roses and thorns. It carries white cinders, it offers sooty
gruel. It has no windows, it has no air. "Where is my Sister,"
I ask. "Where is my song?" Hags fly on dragons through the
red night sky, and I, I have no wings. I have no torch. My
soul is wasted. Go ahead and wrap me in the dark.

Las aguas de las montañas

se transforman en cenizas, el azafrán serrano es triturado
hasta volverse arena amarilla y tú me dejas en cuclillas sobre
el polvo. Mis placeres se desmenuzan, se vuelven grava, mis
dulces palabras se convierten en moscas sobre mis labios.
Mantente alerta, me digo. Siéntate. Cuando la barca del
cielo zarpa, navega cubierta de rosas y espinas. Va cargada de
rescoldos blancos, ofrece papilla cenicienta. Viaja sin ventanas
y sin aire. "¿Dónde está mi Hermana?" pregunto. "¿Dónde
está mi cántico?" Brujas montadas en dragones vuelan bajo el
cielo rojo de la noche y yo me quedo con el alma deshecha,
sin alas y sin antorcha. Adelante, envuélveme en la oscuridad.

And now the usurper

this king of whatever land, has moved into my space, taken my work, stolen my song. I look to the heavens and I wonder if the silver god I see in the sky is real or if he's just a pretender wearing the moon's pale white skin. I call out again for my Sister, for Inanna, for the womanly god who can draw a circle around the mockery of the proud stranger who anointed himself with my bloody tears. He's swaggering around the edges of my life, declaring his faith in his poetry of grief—and he thinks he's brilliant. It's time to move him out of the royal house, it's time to cool off his oily kingship.

Y ahora, el usurpador

este rey de no sé de dónde será ha ocupado mi lugar, se ha apropiado de mi trabajo y se ha robado mi canto. Elevo mis ojos al cielo y me pregunto si el dios de plata que veo allí es verdadero o nada más que un farsante disfrazado con la piel blanca de la luna. Grito otra vez, llamo a mi Hermana, clamo por Inanna, por el dios femenino que será capaz de trazar un círculo alrededor de la farsa creada por este extranjero arrogante que se ha ungido con mis lágrimas de sangre, que se pavonea por los bordes de mi vida, profesando su fe en su poesía de dolor—y que se cree brillante. Ha llegado la hora de expulsarlo de la casa real, de distanciarnos de su grasienta corona.

If you were here

Inanna, you'd surround that big man in the sky, toss him into the void and let him sink into the gaps of the earth below. Inanna, until you come back my heart will beat *shum, tag, shum, shu, taka, ta, shum.* My body will tremble *shum, tag, shum, shu, taka, ta, shum.* My Sister, Inanna, my voice will quiver, but my mind won't be silenced. Accept my outrage as though it were your own, be my guardian and steer this man out of my city. Sprinkle him with his own tears and let him hold tight to his dismal verse as he falls from the throne, as he slips down the shaft of anguish.

Si estuvieras aquí

Inanna, rodearías a ese hombre grande en el cielo, lo echarías al vacío y lo dejarías hundirse en las brechas subterráneas de la tierra. Inanna, hasta que tú vuelvas mi corazón latirá *shum, tag, shum, shu, taka, ta, shum.* Mi cuerpo temblará *shum, tag, shum, shu, taka, ta, shum.* Hermana mía, Inanna, mi voz temblará pero mi mente no se dejará acallar. Acepta mi furia como si fuera tuya; sé mi guardián y saca a este hombre de mi ciudad. Rocíalo con sus propias lágrimas y déjalo aferrarse a su pésima poesía mientra se cae del trono, mientras se resbala hacia abajo por el caño de las angustias.

There are sparks in the sky

flashing from a bristly mane. Sister, is it you? Come, wrap your fiery hair around this imposter and send him away. I'm Enheduanna, the priest who summons your rich, red passion. Let my muffled cry be your perfect sound, the soft wine that quenches your dark thirst, the rain, the tears, the lament, everything good, everything taboo. Magnificent Sister, the people are hiding like bats in the caves by the river. Come, bring us back to our lives.

Vuelan chispas por el cielo

saltando de una melena erizada. Hermana, ¿eres tú? Ven,
envuelve a este impostor con tu ardiente cabellera y lánzalo
lejos. Soy Enheduanna, el sacerdote que conjura tu rica pasión
roja. Deja que mi grito ahogado sea tu sonido perfecto, el
delicado vino que sacíe tu sed oscura, que sea la lluvia, las
lágrimas, los lamentos, todo lo que sea bueno, todo lo que
sea tabú. Hermana magnífica, la gente se esconde como
murciélagos en las cuevas de la ribera. Ven, llévanos de vuelta
a nuestras vidas.

The intruder has bent

our principles, twisted our traditions, broken our rules.
He trespassed on holy ground and now he's occupied
the heavens—north, south, east, west. Ashimbabbar,
Ashimbabbar, true god of the moon, how will we find
Ashimbabbar? His silver bow is veiled. The cool fire—his
pure white light—is invisible behind the imposter's cloud of
lies. The imposter shows no respect for anything. He washes
his hands, but it's only to prepare another dirty trick. He has
broken into the sanctuary and ransacked the room where your
sweet songs were sung. *E-bi...la-la-bi...ba-ra...mu-un-gi...hi-li-bi...ba-ra...mu-un-til...e-bi...hul-á...*

El intruso ha falseado

nuestros principios, torcido nuestras tradiciones, violado
nuestras reglas. Ha invadido la tierra santa y ahora se ha
apoderado de los cielos—norte, sur, este, oeste. Ashimbabbar,
Ashimbabbar, dios verdadero de la luna, ¿cómo haremos
para encontrar a Ashimbabbar? Su arco de plata está oculto.
Su fuego sereno—pura luz blanca—es invisible tras la nube
de mentiras del impostor, quien no respeta nada. Se lava
las manos, pero es sólo para preparar otra jugada sucia. Ha
violado y saqueado el santuario donde se cantaban tus dulces
Cánticos. *Ebi...la-la-bi...ba-ra...mu-un-gi...hi-li-bi...ba-ra...*
mu-un-til...e-bi...hul-á...

Your flutes have been burned

and scattered, your roses have been smeared across the walls. It was a heavenly place, now it's just a corner in a house full of misery. Everything pure and good and brilliant has been taken. Listen. The only sound now is the dismal song of a trembling mountain bird. She sings about a strange wind that has blown over her land, driving the people away. She thinks she's flying above the storm and tries to scatter her song across the horizon, but the wind's smoky breath stretches her ribs flat like the strings of a lyre and tosses her into a snare of grass. Inanna, wild impetuous Inanna, chase down this intruder, catch him in your wild red hair, smother him in his own troubled haze.

Tus flautas fueron quemadas

y desechadas, las paredes se embadunaron con tus rosas. Lo
que era un lugar celestial no es ahora más que un rincón en
una casa llena de miseria. Se llevaron todo lo puro, bueno
y brillante. Escucha. Ahora sólo se oye el canto sombrío y
de una temblorosa ave de las montañas. Ella canta de un
viento extraño que sopló por su tierra ahuyentando a la
gente. Creyendo que vuela sobre la tormenta, el ave trata de
esparcir tu cántico por el horizonte, pero el efluvio humeante
del viento le estira las costillas hasta dejarlas planas como
las cuerdas de una lira y la arroja en una trampa de hierba.
Inanna, impetuosa y salvaje, Inanna, persigue a este intruso,
atrápalo en tu feroz melena roja, sofócalo en su propia miasma
turbulenta.

This was a land of plenty

a place full of promise, but who knows what to do now?
Who's to say what's coming next? You color the sky with your
curls—the fiery wool of your hair—and I sit here listening
as the night winds howl through broken pipes. I'm keeping a
vigil at the edge of a murky swamp. What am I supposed to
do now? Do I dig under, hollow out a space below the dusty
waste? Should I ferry myself across and tether my life over
there?

Ésta era una tierra de abundancia

un lugar prometedor, pero ahora ¿quién sabe lo que se debe hacer? ¿Quién podrá predecir lo que pasará? Tú matizas el cielo con tus bucles, con la lana incandescente de tu melena, y yo me quedo sentada aquí escuchando el aullido de los vientos nocturnos por tubos rotos. Mantengo mi vigilia al borde de una ciénaga tenebrosa. ¿Qué se espera de mí ahora? ¿Debo cavar y crear un espacio debajo de la desolación polvorienta? ¿Debo cruzar la ciénaga y amarrar mi vida a la otra orilla?

Mother, father, moon, and sky

will I leave tracks in the dust so I can find my way home, or will the oppressive winds erase all memory of my path? Braid my desires into your hair, as though they were roses, Inanna, and carry me with you high into the heavens, to the space above the moon. High.

Madre, padre, luna, y cielo

¿debo dejar huellas en el polvo para encontrar el camino a mi regreso? ¿O borrarán los vientos opresivos todo recuerdo de mis pasos? Entrelaza mis deseos en tu cabello como si fueran rosas, Inanna, y llévame a las alturas del cielo, al espacio más allá de la luna. A lo alto.

This was a city

there were terraces where people drank music from cups that
burst with laughter and wisdom, but now memories come
in splinters, like stars flashing through broken windows.
Nothing is clear. The heavens withhold their light. This place
has been abandoned. A smoky wind pushes death birds
around…around…around. Is this pestilent flock our only
deliverance? Listen. It's the voice of a child crying, but there
are no mothers to give her comfort. No mother oil to be
rubbed on her chalky lips, no mother water to quench her
thirst, no mother ice to cool her, no other fire to warm her,
no mother path to accept the terror of her running feet. Only
mother birds with mother talons, who call out their dirges
from the sky and let them fall down to this godforgotten
earth.

Ésta era una ciudad

con terrazas donde la gente sorbía música de copas rebosantes de risas y sabiduría. Ahora, los recuerdos llegan hechos añicos, como estrellas que centellean a través de ventanas rotas.

No hay claridad. Los cielos ocultan su luz. Éste es un lugar abandonado. Una humareda impulsa las aves de la muerte a dar vueltas...y vueltas...y vueltas. ¿Será esta bandada pestilente nuestra única liberación? Escucha. Es el llanto de una niña, pero no hay madres que la consuelen, ni aceite materno que suavice sus labios calcáreos, ni agua materna que sacie su sed, ni hielo materno que la refresque; ni fuego materno que le dé abrigo, ni sendero materno que acepte el terror de su huida. Sólo aves maternas con talones maternos que entonan sus cantos fúnebres desde el cielo y los dejan caer sobre esta tierra olvidada por los dioses.

We need a hero

like you, Sister, a fearless champion to sail headlong into this
abyss and lash your boat to its thorn-infested shore. And me,
I'm here singing your song now, today, lying here on a bed
of broken reeds—no white moon, no roses—only my voice
squealing, like the bellows of a blacksmith, keeping company
with the dead. The new moon is hiding behind a smoldering
rain; I can't see, there isn't any light. I'm cut off, left in this
place of careless waste where there are no glossy leaves, no
blue-black berries, no wreaths of victory for those who
survive. Ashimbabbar, Ashimbabbar. Ashimbabbar. Is it you I
see or is it still that big imposter in the sky? Are you talking to
me? Do you have plans for me? Why should I keep singing?
Words don't stick to water and fire.

Necesitamos un héroe

como tú, Hermana, un adalid intrépido que se lance
navegando al abismo y amarre tu barca en la orilla erizada
de espinas. Y yo sigo cantando tu cántico ahora, hoy, aquí,
acostada sobre un lecho de juncos rotos—sin una luna blanca,
sin rosas—con sólo mi voz que resuella como el fuelle de un
herrero, acompañada de muertos. La luna nueva se esconde
tras una lluvia humeante; no puedo ver, todo es oscuridad.
Estoy aislada, abandonada en este muladar de descuido donde
no hay hojas satinadas, ni bayas negri-azules, ni coronas de
laurel para los sobrevivientes. Ashimbabbar, Ashimbabbar,
Ashimbabbar. ¿Serás tú a quien vislumbro? ¿O será todavía ese
gran impostor en el cielo? ¿Me estás hablando? ¿Tienes planes
para mí? ¿Por qué debo continuar cantando? Las palabras no
se adhieren ni al agua ni al fuego.

I was born to scale the mountain

of desire to move here and there, free and easy, in and out
of the sun. I knew the taste of power, the sweet perfume of
influence, the scent of triumph, until he came along, until he
slipped into my chamber, until he trapped me in my retreat.
There were snares, there were teeth. My throat, my skin, my
soul was eaten. He gave me his animal horn, his ritual sword,
he said it made me complete. I breathed like a bird coming
out of a hole. I flew like a swallow from the crevices of the
mountain and fell in the weeds and thorns below. He stripped
me of everything—my crown, my priesthood, even my life-
giving rage.

Nací para escalar la montaña

del deseo para divagar aquí y allá, libre y feliz, en la sombra y a la luz del sol. Conocía el sabor del poder, el perfume dulce de la influencia, la fragancia del triunfo, hasta que llegó él, hasta que se coló en mi habitación, hasta que me atrapó en mi refugio. Hubo trampas, hubo dientes. Me consumieron la garganta, la piel, el alma. Me regaló él su cuerno de animal, su espada ritual, me dijo que me completaba. Respiré como un pajarito que sale de un hoyo. Volé como una golondrina desde las grietas en las montañas y caí sobre las malezas y espinas de la tierra. Me despojó de todo: de mi corona, de mi sacerdocio, hasta de la furia que alentaba mi vida.

Godly, godly Sister hero

you're the spirit with the pure heart, the one who's been
anointed with youth and charm and power and love. You're
the icon who sits among the cedars and the stars. Inanna,
hurry, take back your throne. You're the mother of all ritual,
yours is the face of everyone who has come before. You're the
lover of the great dragon in the sky, you and the fire storm
are one. *Ishkur-gim ushumgal-gim*, like thunder and lightning.
When you track your passions across the heavens, the gods
of terror, the gods who gag us with fear, they bend and bow.
Sing us the songs of the dragon, Sister, sing us the songs of
Ushumgalana.

Divina, divina Hermana héroe

eres tú la del espíritu de corazón puro, la ungida con juventud
y encanto, con poder y amor. Eres el ícono situado entre los
cedros y las estrellas. Inanna, apúrate, recupera tu trono. Eres
la madre de todos los ritos, tu cara es la de todas las que te
precedieron. Eres amante del gran dragón del cielo, tú y la
tormenta de fuego son un solo ser. *Ishkur-gim ushumgal-gim*,
como el trueno y el relámpago. Cuando sigues el rastro de
tus pasiones por el cielo, se inclinan y doblegan los dioses
del terror, los dioses que nos aterran hasta causarnos náuseas.
Cántanos los cantos del dragón, Hermana, cántanos los
cantos de Ushumgalana.

The day you were born

they say the gods lit two brilliant suns in the sky, and they
twirled them like you swing the rules of the universe from
your wrists. Proud mothers and fathers, the gods set you
on a radiant path through the heavens, and the earth; they
filled your bowl with water and music and abundance and
splendor. You've always been their favorite, Inanna, you've
always managed to have your way. All the gods and demons,
the arrogant and the wise, they all bend and kiss the earth at
the thought of you wrapped in the parchment of your own
skin, emerging from the dead and alive place, returning from
the holy interior, reclaiming your power in the flickering light
of this troubled day.

El día en que naciste

dicen que los dioses encendieron dos soles brillantes en el cielo y los hicieron girar como tú haces girar las reglas del universo que cuelgan de tus muñecas. Madres y padres orgullosos, los dioses te encaminaron por un sendero radiante a través del cielo y de la tierra; colmaron tu plato con agua y música, abundancia y esplendor. Has sido siempre su favorita, Inanna, siempre has logrado imponer tu voluntad. Todos los dioses, todos los demonios, tanto los arrogantes como los sabios, todos se doblegan y besan la tierra al contemplarte salir envuelta en el pergamino de tu propia piel del lugar de los muertos y los vivos, regresando del santo lugar interior, reclamando tu poder a la luz intermitente de este día agitado.

And me

what will be my fate? Will I emerge intact, ready to sing
about the great woman again, or will I spend my days flying
in circles, fluttering with my people around the edges of
endurance—not like stars spraying up from the bonfires of
victory but like mites swarming around the ashy remains?
Look at me. Do I look like a hero? I was the brilliant one,
the priest, the poet, the prince, the one whose voice was
moonlight, whose words echoed your desires. But now, when
I return to the sanctuary, will my hands smell of roses or of
outrage?

Y yo

¿qué será de mí? ¿Saldré intacta, lista para cantar otra vez
de la gran mujer? ¿O pasaré mis días volando en círculos,
aleteando con mi gente alrededor de los bordes de la
resistencia—no como estrellas que chisporrotean al subir
de las hogueras de la victoria, sino como ácaros que pululan
sobre los restos cenicientos? Mírame. ¿Parezco héroe? Yo era
la brillante—sacerdote, poeta, príncipe—cuya voz tenía la
claridad de la luna, cuyas palabras eran el eco de tus deseos.
Pero ahora, cuando regrese al santuario, ¿tendrán mis manos
la fragancia de las rosas, o el olor a ultraje?

Nobody knows this place like you

Sister, listen to me. You've streaked your power across the sky and poured it deep into the earth. There's not a soul who hasn't heard about you—the daughter of the moon—not a person who hasn't heard your song. But if there is someone who hasn't heard about the great woman of heaven, listen now. I'm going to sing about Inanna again...*He-zú, he-zá, he-zu-á...*I'm going to sing about my Sister once again.

Inanna, you're the deep blue lapis, floating behind a rose-colored evening; you're the rich, red comfort rising from an abundant motherland, the mountain we cling to as we beg for mercy. You're the impetuous one who moves across the marshes weeping...soaking yourself in judgments...stamping your orders with your royal seal...the wild spirit who drenches the strings of her harp in turmoil.

Nadie conoce este lugar como tú

Hermana, escúchame. Has desplegado tu poder como un rayo a través del cielo y lo has vertido en lo más profundo de la tierra. No existe un alma que te desconozca—la hija de la luna—nadie que no haya escuchado tu cántico. Pero si existe alguien que no haya oído hablar de la gran mujer del cielo, que me escuche ahora. Voy a cantar otra vez sobre Inanna… *He-zú, he-zá, he-zu-á…* Voy a cantar una vez más sobre mi Hermana.

Inanna, eres el lapislázuli intenso que flota detrás del atardecer color de rosa; eres el rico consuelo rojo que surge de la tierra materna abundante, la montaña a la cual acudimos pidiendo clemencia. Eres la impetuosa que atraviesa los pantanos llorando…empapándote en sentencias…estampando tus órdenes con el sello real…el spíritu salvaje que satura con el caos las cuerdas de su arpa.

You lap at blood

like a wild dog, you lift your eyes, your gaze is fierce, your
eyes change, they roll, they flash, red, yellow, they burn—
igi-hush, igi-hush, igi-gun-gun, he-zú, he-zá, he-zu-á. No one
knows what rules you obey; you don't pay attention to night,
you don't pay attention to cold. You fly here and there, on this
path on that path, through water through fire. You stand. You
stay. You prevail. *He-zú, he-zá, he-zu-á.*

Sorbes sangre

a lengüetazos como una perra salvaje; tu mirada es feroz; tus ojos se te transforman, se te ponen en blanco, destellan rojos, amarillos, arden—*igi-hush, igi-hush, igi-gun-gun, he-zú, he-zá, he-zu-á*. Nadie sabe las reglas que acatas. No le prestas atención a la noche, no le prestas atención al frío. Vuelas por aquí y por allá, en este sendero o en aquél, a través del agua, a través del fuego. Te detienes. Permaneces. Prevaleces. *He-zú, he-zá, he-zu-á*.

I'm not talking about

the man in the moon, or some big man in the sky, I'm
talking about Inanna, my Sister, the one who wraps herself
in the strings of the universe, the one who wears light on her
robe, the one who scatter stars from the heavens. My Sister,
everybody knows your loved by the gods and the people alike,
you wear the crowns of heaven and of earth. My holy Sister,
I'm singing your song. I've measured out the earth and the
sky and the secrets of life, and I've poured them like milk
into your wooden bowl. I've watered your grasses and lit your
fires and sung the furious words of your prayers. The torches
are burning, the winds are blowing through your horns,
and the people are washing and trembling as they reach for
your brilliance. Your temple has been rinsed and cleaned and
draped with soft woolen throws; in the sanctuary there are
vases filled with roses, Sister, braid them into your hair, cool
your heart in the abundance of this sacred space.

No estoy hablando del

hombre en la luna, ni de ningún hombre grande en el cielo;
estoy hablando de Inanna, mi Hermana, la que se envuelve
en las cuerdas del universo, la que adorna su ropa con luz,
la que dispersa las estrellas del cielo. Hermana mía, todos
saben que los dioses te aman y la gente también, que llevas las
coronas del cielo y de la tierra. Santa Hermana mía, entono tu
cántico. He medido la tierra, el cielo y los secretos de la vida,
y las he vertido como leche en tu tazón de madera. He regado
tus pastos, encendido tus hogueras y entonado las palabras
furiosas de tus oraciones. Las antorchas arden, los vientos
soplan a través de tus cuernos, y la gente se lava y tiembla al
buscar tu brillantez. Tu templo se ha enjuagado, está libre
de escombros y cubierto con mantones de lana suave; en el
santuario hay jarros llenos de rosas, Hermana; entrelázalas
en tus cabellos, refresca tu corazón en la abundancia de este
espacio sagrado.

And now it's my time

while rain rushes from the north and south, I measure…
measure count count…breathe. While laughter splinters from
the east and west, I measure measure…count count…breathe.
This is too much for me, Sister, this is enough for me, Sister.
I'm singing for you. I'm giving birth to your song, to the pure
sounds that flooded from me in the dark night, in your quiet
room, *Sha-shu-rah…sha-shu-rah…Ahh-Ahh…Ooh-Ooh…
Ahh-Ahh.* I, your torch singer…trembling like a bird…I
whisper your secrets, I set your story to harmony. And then,
as though I were naming a child, I repeat it thirty times in
the darkest hour, my voice returning again and again like the
flute of life to blow your song into the light of the day…*Ahh-
Ahh…Ooh-Ooh…Ahh-Ahh.*

Y ahora, es mi momento

mientras la lluvia se precipita de norte y sur, mido...mido cuento cuento...respiro. Mientras las risas se astillan de este a oeste, mido mido...cuento cuento...respiro. Es mucho para mí, Hermana. Es suficiente para mí, Hermana. Canto para ti. Estoy dando a luz a tu cántico, a los sonidos puros que fluían a borbotones de mí durante la noche oscura, en tu cuarto tranquilo, *Sha-shu-rah...sha-shu-rah...Aah- Aah...Ooh-Ooh... Aah-Aah.* Yo, la que entona canciones de amor...temblando como un ave...murmullo tus secretos. Compongo armonías para tu historia. Y entonces, como si estuviera poniéndole el nombre a una niña, las repito treinta veces en la hora más oscura; mi voz vuelve una y otra vez como la flauta de la vida para soplar tu canto a la luz del día...*Aah-Aah...Ooh-Ooh... Aah-Aah.*

How can you be calm

with the moon still shrouded, with your song still muted?
Your anger hangs heavy, you keep yourself wrapped in flames.
It's as though your lover were captive, your child, bound and
gagged, as though you were still working your way back from
the other world. Sister, it doesn't have to be so hard. Come
back to your temple. Set your heart at ease.

¿Cómo puedes mantener la calma

con la luna todavía oculta, con tu canción todavía apagada?
Tu ira cuelga pesada, te mantienes envuelta en llamas.
Es como si tu amante estuviera cautivo, tu hija atada y
amordazada, como si todavía te esforzaras por descubrir la
manera de regresar del otro mundo. Hermana, no debe ser tan
difícil. Regresa a tu templo. Deja que tu corazón repose.

Heroes and dancers

and poets are coming with their harps. Look along the shore, they're playing for you, the magnificent one. Your songs are floating on the winds again, clearing the haze, unveiling the radiant moon. The bold and brilliant throne is yours. And now I see you rinsing your hands and rubbing them with sweet smelling oils. Inanna, you've heard my prayers, you've heard my lament, and now you're flying like an arrow toward your people.

Héroes y bailarines

y poetas se acercan con sus arpas. Míralos a lo largo de la orilla, tocan para ti, la magnífica. Tus cánticos flotan de nuevo en el aire y la niebla se despeja, revelando la luna radiante. Es tuyo el trono audaz y brillante. Y ahora te veo enjuagarte las manos y frotarlas con aceites dulces y fragantes. Inanna, has escuchado mis plegarias, has escuchado mis lamentos, y ahora vuelas veloz como una flecha hacia tu pueblo.

Push open the windows

blow the pipes, play the flutes, toss roses toward the stars.
Inanna's opening her heart, she's coming back, back to her
sacred place. Beat the drums, raise your cups, open the boxes
filled with luxury and wrap yourself in godly softness. She is
here with us, dressed in her own beautiful power. The day is
sweet, sing your songs, eat the fruit, wear your ribbons and
precious stones, and don't long for anything, we have it all.
How wonderful, dressed in the light of the moon, reflected in
the folds of the river. How magnificent.

Abran las ventanas

soplen las gaitas, toquen las flautas, lancen rosas hacia las
estrellas. Inanna está abriendo su corazón, viene de regreso,
de regreso a su santo lugar. Toquen tambores, alcen sus
copas, abran las cajas rebosantes de lujo y envuélvanse en
blanduras divinas. Ella está aquí con nosotras, ataviada con
de su propio hermoso poder. El día es precioso, entonen sus
cánticos, coman las frutas, adórnense con sus cintas y sus
piedras preciosas; no añoren nada, todo lo tenemos. ¡Cuán
maravillosa es, vestida del claro de luna, reflejada en las ondas
del río! Cuán magnífica es.

Now the people gaze

at the glow of white silk, the luster of joy, the radiance of the true moon. And next to the moon is the great woman of heaven, how glorious she is! The people bless her, the great mother, they spread their arms and pray. Love. Health. Peace. The gates of the heavens are open. *Silim-ma...Silim-ma... Silim-ma.*

Ahora la gente dirige su mirada

al fulgor perlado de la seda blanca, al brillo de la alegría, al resplandor de la luna verdadera. Y al lado de la luna está la gran mujer del cielo. ¡Cuán gloriosa es! La gente la bendice, la gran madre, extienden sus brazos y rezan. Amor. Salud. Paz. Las puertas del cielo están abiertas. *Silim-ma...Silim-ma... Silim-ma.*

And I, the woman who sang her song

the priest who prayed, the poet who spoke her lines, I'm back from exile. I, Enheduanna, I'm not taboo. My words are sacred because my song is for the wild one, for the mother of Rhea, Hathor, and all the sacred cows jumping over the moon, for the spirit who carries the secrets of the universe, for Inanna, the womanly god wrapped in beauty and in strength. *Silim-ma...Silim-ma...Silim-ma.*

Y yo, la mujer que entonó su cántico

la sacerdote que rezó, la poeta que recitó sus versos, he
retornado del exilio. Yo, Enheduanna, no soy tabú. Mis
palabras son sagradas porque mi cántico es para la salvaje, para
la madre de Rhea, de Hathor, y de todas las vacas sagradas que
saltan sobre la luna, para el espíritu que encierra los secretos
del universo, para Inanna, el dios femenino envuelto en
hermosura y en fortaleza. *Silim-ma...Silim-ma...Silim-ma.*

Acknowledgments

Humming the Blues came into being because a woman poet named Enheduanna wrote a hymn about the Sumerian god Inanna almost five thousand years ago. I am grateful to Enheduanna for the beautiful images she pressed into clay as she composed that hymn and also for her bravery in claiming that this was indeed her work. I am also indebted to Daniel Reisman who was my professor of Sumerian and Akkadian, to my constant mentor Deb Dale Jones, and to Diane Wolkstein, an author and poet who remains a guide to all students of Sumerian writing and mythology years after her death. I continue to be grateful to all of the writers who offered their comments on the English first edition of this work, among them Juanita Garciagodoy and Carol Connolly who have passed away since the first edition was published.

And now *Humming the Blues* has become a bilingual edition— *Humming the Blues/Cantando los Blues (a boca cerrada)*—with the beautiful translation by Catherine Rodríguez-Nieto and Spanish language editing completed by Alcides Rodríguez-Nieto. They carried my English interpretation of Enheduanna's Sumerian pictographs into contemporary Spanish with stunning dedication. I am also deeply appreciative of Dr. Rogelio Rodríguez Coronel's reading of the new Spanish language *Cantando los Blues (a boca cerrada)*.

I am thankful for the care given to this bilingual English/Spanish edition by Calumet editor Gary Lindberg and all of the Calumet Editions team.

Reconocimientos

Mi obra *Humming the Blues* la escribí debido a que una poeta llamada Enheduanna creó un himno dedicado a la diosa sumeria Inanna hace casi cinco mil años. Tengo una deuda de gratitud con Enheduanna por las hermosas imágenes que imprimió en arcilla al componer su himno, y también por su valentía en declarar que realmente era su obra. Mi gratitud también a Daniel Reisman quien fue mi profesor de sumerio y acadio, a mi infatigable mentor Deb Dale Jones, y a Diane Wolkstein, autora y poeta que continúa, años después de su muerte, como guía de estudiantes de la escritura y mitología sumeria. Mi continuo agradecimiento a los escritores que me ofrecieron comentarios sobre la primera edición en inglés de esta obra, entre ellos, Juanita Garciagodoy y Carol Connolly, fallecidos después de su publicación.

Y ahora *Humming the Blues* es una edición bilingüe—*Humming the Blues/Cantando los Blues (a boca cerrada)*—con la hermosa traducción de Catherine Rodríguez-Nieto y la colaboración editorial en español de Alcides Rodríguez-Nieto. Ellos transportaron mi interpretación en inglés de las pictografías sumerias de Enheduanna al español contemporáneo con impresionante dedicación. Estoy también profundamente agradecida por la penetrante lectura crítica del Dr. Rogelio Rodríguez Coronel, de la versión en español.

Agradezco a Gary Lindberg, Editor de Calumet y a todo el equipo editorial de Calumet Editions, por su esmerada dedicación a esta edición bilingüe.

About the Author

Cass Dalglish is a poet and novelist who is known for diving deep. She studied Sumerian cuneiform in her quest to find the earliest women writers, decoding ancient Iraqi pictographs in her interpretation of Enheduanna's Hymn to Inanna. Cass holds a PhD in Ancient Women's Writing, an MFA in Creative Writing, and a B.A. in Spanish language and literature. She lives in Minneapolis, Minnesota, where she worked early in her career as a broadcast journalist before becoming a professor of English at Augsburg University.

Datos Biográficos de Cass

Cass Dalglish es una poeta y novelista reconocida por su tendencia a profundizar. Estudió la escritura cuneiforme sumeria en su empeño por descubrir a las primeras escritoras de la antigüedad, descifrando para ello pictografías iraquíes prehistóricas en su interpretación del Himno de Enheduana dedicado a Inanna. Cass es titular de un doctorado con especialidad en Obras Escritas por Mujeres de la Antigüedad, de una Maestría en Bellas Artes y de una Licenciatura en Lengua y Literatura Españolas. Reside en Minneapolis, Estado de Minnesota en los EE.UU., donde a temprana edad inició una carrera como periodista en radiodifusión antes de ser catedrática de inglés en la Universidad de Augsburg.

* 9 7 8 1 9 6 2 8 3 4 6 7 4 *